企業内
IT部門で
働いた体験から

なぜ私は人の5～10倍の
生産性を上げられたか

能登部 哲次
Tetsuji Notobe

文芸社

目次

序章　なぜこの本を書くのか ……………………………………… 6
　はじめに ………………………………………………………………… 6
　略歴から ………………………………………………………………… 10
　生産性の実績から ……………………………………………………… 14

第1章　企業内ITを始める ………………………………………… 19
　初期のプログラムから──前例に捉われるな ……………………… 20
　初期のシステム──ある事業のシミュレーションでの
　　　　　　　いくつかの問題：エンドユーザーのテスト参加等 … 24
　オペレーション：情報の製造部門 …………………………………… 28
　障害 ……………………………………………………………………… 32
　コンピュータのメーカーを変える──標準化は重要 ……………… 36
　紙テープ打ち出しシステム──プログラムからシステムへ ……… 40

第2章　プログラムからシステムへ ……………………………… 45
　オンラインシステム1：コントロールプログラムを作る ………… 46
　オンラインシステム2：運用やアプリケーション連携面の工夫 … 50
　システム基盤 …………………………………………………………… 54
　ソフトウエア危機と構造化──システム開発技法など …………… 59
　大規模生産管理システム──エンドユーザーの参加 ……………… 64
　初期の最適化や自動化問題 …………………………………………… 68
　システム開発の研究会から1：メンテナンス（保守）を考える … 72
　システム開発の研究会から2：RDBや新しいツール ……………… 76
　PCによる経理システムの開発：新しい問題が ……………………… 80
　コンサルタントを使う──IT化と照らし合わせて ………………… 84
　OA化──エンドユーザーコンピューティングの波 ……………… 88
　企業間連携のいろいろ ………………………………………………… 92
　エンドユーザーとの関わり方──顧客に製造方法を聞くな ……… 96
　プログラミングやシステム設計について …………………………… 100

第3章　新しい会社で　………………………………………… 106

> ┌─ コラム ─
> │　　残業など ………………………………………………… 108

新しい会社でIT計画を作る ……………………………………… 110
勘定系1：計画を作る ……………………………………………… 114
勘定系2：ベンダーの選択と基本設計 …………………………… 118
勘定系3：開発 ……………………………………………………… 122
勘定系でのその後：企業内ITの基本的資質 …………………… 126

> ┌─ コラム ─
> │　　大きな問題になってしまった例 ……………………… 130

情報系1：計画からRFPまで …………………………………… 132
情報系2：プロトタイプ作成から開発 …………………………… 137
最適化問題：問題定義の重要性 ………………………………… 142
一人一台のPCへ ………………………………………………… 146
一人一台のPCが普及して ……………………………………… 150
ソフトウエアベンダーの利用について考える ………………… 154
外資系企業の経験から1：言葉の問題を考える ………………… 158
外資系企業の経験から2：システムの違いを考える …………… 163
2000年問題 ………………………………………………………… 168
ERPの導入 ………………………………………………………… 172
ERPの導入プロジェクトから見えるもの ……………………… 176

第4章　システムやITを考える　……………………………… 181

最近気になること ………………………………………………… 182
付随する経験からITを考える …………………………………… 186
他の産業や生産方式からシステム構成を考える ……………… 190
このようにシステム開発ができないだろうか ………………… 195

第5章　IT部門の人や組織・役割を考える……201
　最近のSEを見て考える………………………………… 202
　企業内ITマンの資質を考える………………………… 206
　教育・訓練とスキル…………………………………… 210
　企業内IT部門とは……………………………………… 214

┌─コラム────────────────────┐
│　総務分野との関係………………………………… 218　│
└──────────────────────────┘

　今後の企業内IT部門…………………………………… 222
　IT部門の要員について………………………………… 226
　IT部門の人数と新しいビジネスモデル……………… 230

あとがき………………………………………………………… 234

序章
なぜこの本を書くのか

はじめに

　筆者は40年近くサラリーマン生活を送った間、普通の企業のIT部門 (**注1**) で仕事をしてきました。ソフトウエアベンダー (**注2**) でもハードウエアベンダーでもありませんし、システムインテグレータ (**注2**) でもありません。あくまで一般企業のIT部門です。
　そこでかなり一所懸命仕事をしたし、世間一般では「システム開発では失敗が多い」と言われているのですが、筆者の場合は大きな失敗もなく、それなりの成果を出してきたつもりです。ソフトウエアベンダーが発達しておらず、多くは自前で担（にな）ってきた昔と違い、現在の企業内のIT部門は、エンドユーザーとソフトウエアベンダーの間に立って、企業内で微妙な立場にあると思います。ITベンダーほどITに詳しいわけではないし、エンドユーザーほど仕事の内容に詳しいわけではない、とも言われます。変わりつつあるとはいえ、会社内での地位も高くはないでしょう。そのような中で何らかのヒントを皆様に与えられれば、と思います。

注1：企業のIT部門
　普通の企業でITを担当する部門です。ITに限らず企業内のコアコンピタンス（他社に真似できない能力）でない部分は外注先に任せようとする動きがあります。給与計算は外注にとか、ロジスティック（物流システム全般）は宅配業者に、とかです。
　企業内IT部門を少なくしていこうというのが大勢かもしれませんが、セキュリティや変化への対応の観点から、人数を増やしているという欧米の企業もあるようです。企業内ITの立場に立って、個々の企業の必要性という観点から、考えていくことが重要

だと思います。

注2：ソフトウエア、ハードウエアベンダー、システムインテグレータ（SI）

「コンピュータソフトなければただの箱」という言い方が昔よくされました。コンピュータ業界は、基本的にハードを作り売る会社（ハードウエアベンダー）とソフトを作り売る会社（ソフトウエアベンダー）があります。

最近はソリューションを売るという言い方もよくされますが、ソリューション（問題解決）の捉え方も問題です。会社がもうからないからどうにかしてというのから、弊社の在庫がおかしいので解決してetc。まあ、経営コンサルから何でもすることになります。IBMはその志向を早くから強めていて成功し、日本のハードウエアベンダー（富士通、日立、NEC等）が遅れたと言われています。

なお、ただ「ベンダー」といった場合は業者全般を指す場合が多いです。

企業内IT部門の必要性

企業内IT部門のメンバーは、特に筆者が在籍したぐらいの規模の会社（従業員500～1000人、売り上げ500～1000億円）では、IT（コンピュータ）に関することは何でもせざるを得ないこともあり、ITベンダーのような専門性は身につきません。XXOSに詳しいとかいうこともありませんし、XX関連のシステムに詳しいということもありません。ある時はメインフレームを扱い、ある時はパソコンの、ある時はネットワークの担当になったりします。システム構築の対象も、ある時は経理、ある時は製造、ある時は営業といったようにいろいろなシステムの担当にもなります。種類は多いのですが、ベンダーほどたくさんの経験を積むこともないでしょう。

それでは企業内にIT部門がなくてよいかと言えば、ITベンダーは異論があるかもしれませんが、それでは企業のIT化は進まないと思います。エンドユーザーが頼りにするのも、ITベンダーが頼りにするのも企業内IT部門なのだと思います。外部ITベンダーに任せても、システムをユーザー企業で社内的に誰が確認するかと言えば、企業内IT部門になってしまいます。考え方を変えれば、当該企業のシステムや仕事についてはベンダーより詳しいし、エンドユーザーより

ITはもとより仕事に詳しいと言えると思います。個人的にはあまり良いこととは思わないのですが、新入社員教育にコンピュータ操作はもとより、仕事の仕方についての教育を依頼されることも多いものです。

本書の目的

　企業の大小や、企業にとってのITの重要性や重点施策によって異なるのかもしれませんが、自分自身の30数年の経験から考えてきたことを中心に、企業内IT部門は何をするのか、またどのようにあるべきか、といったことを記してみたいと思います。自分自身で結構いろいろ工夫をしてきたつもりです。そのような工夫は企業内IT部門でないとできない気がします。もちろん、そのようなことは当たり前とか分かりきっている、ベンダーでも実施するという意見もあるとは思いますが。
　今回、筆者の経験を通してITというもの、また企業内IT部門の仕事というものを考える参考になればと思います。なお、筆者が仕事をしていた会社は人数も500～1000人ぐらいで、大きいとは言えません。また、システムの24時間運用などということも一部を除いてしていません。ただ、そのような企業の方が実際には多い（少なくとも必要性や数の上では）のではないでしょうか。
　今回の記述は、分かりやすくするためや、筆者の記憶に残っている範囲で記すので、筆者の実行してきたことと異なる部分もあることをご了承下さい。また用語については、必要な場合はIT用語集等を参考にして下さい。

ベンダーとユーザーの間に立って

　今のSEやITマンをめぐる議論はベンダー系のSEが中心になっていると思います。当然ながらベンダーでも企業内SEでも、自分の会社が利益を上げることを考えるものです（長期と短期の差はあるでしょうが）。Win-winの関係を作ることは重要です。ただし、ある手段や手法が必要だし良いと思っても、ベンダーなら自分たちの抱えている範囲で、または調達できるのならその範囲で可能な手

序章　なぜこの本を書くのか

法を採用しようと考えるでしょう、自社関連で調達できなければ、推薦し難いですし、まして自社で空いている人がいて、チョット方法を変えれば使えるなどという時は、自社でやりやすい方法を推薦するのは当然とも言えます。

　社内での仕事の方法、システムの基本的なあり方等、ベンダー任せにすると、会社に合ったというより、そのベンダーに合ったようにするとか、実際にはあまり工夫せず、慣れた作業方法やシステム形態で行うということにされてしまいます。ベンダーが独自に効率を上げても、そこにどれだけ金が払われるかという問題もあるし、良かれ悪しかれベンダーの方法をユーザー会社の標準としてしまうなど、自社への囲い込みを図るのも当然と言えます。

　責任問題もあります。ベンダーは何でもベンダーに任せておけば大丈夫ですといったことを言いがちですが、契約書を見れば、責任逃れの部分が多くあります。ユーザーが何もしなければ、また正しく自分の仕事を伝えてくれなければ、できないのも当然です。エンドユーザーにすれば、自分はよく伝えたつもりだし、コンピュータのことは分からないのだからこれ以上どのようにしたらよいのだ、と言うでしょう。また、ベンダーから「設計書（仕様書）を渡すので確認して下さい」と言われ資料を渡され、資料を見るのですが、普通のエンドユーザーはその設計によって自分の仕事がどのようになるのか分からないでしょう。

　分からないエンドユーザーが悪いと言うベンダーもいますが、エンドユーザーにそこまで理解せよというのも現状では難しいでしょう。エンドユーザーにも分かりやすい表記法（システム内容を図示する方法）が現れたり、理解できる人が育てばよいのですが、結局は企業内IT部門に責任が来ます。

　責任を持っていくところがないのです。もちろん多くのベンダーのSEも、それなりにまじめに働いて下さってはいますが。エンドユーザーでも「自分の言ったようにシステムを作ればよいのだから、自分（エンドユーザー）が重要」と言う人もいます。特に成功した時は皆自分がよかったと言います。本来はエンドユーザーとベンダー主体でも良いのかもしれません。また、ある程度時間をかけていくと、そのような関係もできてくることもあります。ただ通常は、双方担当がたびたび替わったりして、なかなかうまくいかないものです。というよりエンドユーザーの一部として、企業内IT部門があるのです。

略歴から

　筆者の略歴から始めます。開発したシステムは比較的大きなものに絞り、その開始年のみを挙げてあります。大きなものは2～3年かかったと考えて下さい。

団塊の世代

　1946年生まれです（初めてのコンピュータと言われるENIACのできた年です）。1947年生まれから団塊の世代と言うようですが、大学に入る時に1年浪人しているし、ほぼ団塊の世代と一緒になって歩んできたと言えます。

　最近、2007年問題ということで、団塊の世代が引退して、次世代への引き継ぎについての心配が言われますが、団塊の世代（旧世代）から新世代へ言い残しておきたいこと、引き継ぎたいことを書いたという気持ちも込めて、本書を書きました。

工業経営学科卒

　大学は工業経営学科となっていますが、他の大学では経営工学科という名称が多かった気がします。工業経営学科も今は「経営システム工学科」というようです（あまり内容は変わらないようですが）。企業内ITを担当するには役に立った気はしますが、中途半端な学科（専門性が確立していない）という気もします。日本全体では減りつつあるようですが、もう少し目が向けられてもよい学科だとは思います。

略歴

1946年（昭和21年）	誕生
1966年（昭和41年）	大学入学（工業経営学科）
1970年（昭和45年）	大学卒業・非鉄金属業入社
1970年（昭和45年）	約1年技術計算
1971年（昭和46年）	事務系担当
1973年（昭和48年）	コンピュータの入れ換え
1975年（昭和50年）	オンラインシステム
1978年（昭和53年）	大規模生産管理システム
1980年（昭和55年）	管理職になる
1980年（昭和55年）	PCによる経理システム
1984年（昭和59年）	業務削減運動参加
1988年（昭和63年）	中期経営計画参画
1989年（平成1年）	広告会社（外資系）入社
1992年（平成4年）	勘定系システム
1994年（平成6年）	情報系システム
1998年（平成10年）	2000年問題

序章　なぜこの本を書くのか

社会人になる

　社会人になり、最初に技術計算を1年ほど担当した後は、事務系と呼ばれてもよいかもしれません。最近は技術系・事務系等と分けないのが普通かもしれません。昔はプログラム言語も技術系はFortran、事務系はCobol（またはPL/I）と決まっていたような気もします。

　筆者の場合、初期にはオペレーションもし、オンラインシステムの開発をしたり、大規模生産管理システムをやったり、大きくない企業ながらも、PCによるシステム等含めて、世間並みには開発をしてきたと思います。コンピュータは業務の改善に関係あるといったことから、全社の業務削減プロジェクト等にも参加しました。

　最初の会社には約20年いましたが、約10年を一般職、約10年を管理職として過ごしました。最初の1～2年を除いて、実質的には個々のプロジェクトの開発面での（名目上は他にえらい人がいることが多い）実質的リーダーとして活動し、管理職になったからといって、別に変わりはなかった気もします。少々別の時間は増えましたが。

　その頃はコンピュータ自体の歴史も浅く、プログラムを書くことがコンピュータ部門の仕事であり、「コンピュータをする人＝プログラマ」と思われていた頃です。筆者は、初期でも、「今回のプロジェクトではこのような方針で書こう、サンプルはこうだ」と示すだけで、プログラム自体は書かなかった気がします。それでも、他人のプログラムのバグ（不具合）等はよく発見できました。ただ、コンピュータの仕事はプログラムを書くことと見る人には、筆者のしていることがよく分からなかったのかもしれないと思います。本書ではそのよく分からなかったところも含めて何とか書いてみようということでもあります。

　ITの仕事で最初に関係するのはエンドユーザーです。IT部門の仕事は基本的にエンドユーザーの要望を実現することですから。最初の20年はエンドユーザーとの関わりについて、考えさせられるものがありました。

転職

20年ほどたってから会社を変わりました。会社の中でもいろいろあり、自分自身の力を他の会社で試してみたかったということもあります。広告業という、非鉄金属から見ればまったく異なる業種に変わったのですが、システムもまったく違うだろうという人も多いですが、特に変わった気もしませんでした。最初の会社で様々な仕事（経理・営業関連システムからCAD・CAMまで）をしていたからかもしれません。

外部要員による開発

新しい会社では、システムと言えるものはありません。最初から開発しなければならず、要員は必要ですが当然誰もいません。最初の会社では、一応自社内にコンピュータ関連は少ない人数ながら全部の職種がおり、足りない時にベンダーから補充といった感じで調達していました。最初の会社の頃から、社内で開発要員（注）を持つことの問題点なども感じていたのですが、会社を変わった頃から、自社か外注か、どのようなSI業者が良いかなど、ずいぶん考えさせられました。

結局、開発要員は自社員にすると面倒という感じもして、すべて外注にしました。急に人を育てることもできないこともありますが、500～1000人ぐらいの会社で、開発要員を社員として雇用していくことは、専門性やキャリア形成等、種々の面で難しいと考えたこともあります。

開発要員を全部外部にということになると、パートナーとしてどのように考えるかということも重要でした。

注：開発要員

コンピュータ関係の要員の分類は、ITSS（ITスキル標準）等を参考にしていただければよいのですが、ここで開発要員と言うのは、新規にシステム（ソフトウエア）を作る時の、通常のSE（システムズ・エンジニア）とPG（プログラマ）を指すと考えて下

さい。SEはシステムの設計をし、PGはプログラムを書くのが仕事ということになります。プログラムもプログラム設計をして、コーディングをして、単体テスト（一本のプログラムだけのテスト）というようになるのですが、何がシステムで何がプログラムかということもはっきりしない面もあります。

そのような人以外に、全体計画や管理、サポートやオペレーション・メンテナンス等をする要員が必要です。

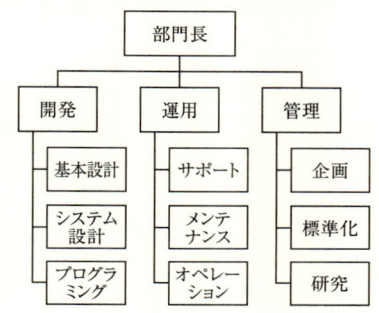

IT部門の仕事と組織（例）

企業内IT要員

開発要員以外（運用やサポート）のメンバーはどのようにするか、社員は必要なのか、その人の処遇やキャリアをどのようにするかも問題です。そのような検討や、実際の運用上からは、社内IT要員は必要だし、かなり重要だとは思うようになりました。

ただ、より小さい企業（100人以下ぐらい）ではなかなか難しいかもしれません。筆者の勤めた会社ぐらいでも、社内IT要員のキャリア形成は技能も中途半端な面もあり、難しい気もします。企業内のIT関連のことを取りまとめたり運用するなど、今の企業内IT要員と同じことをするベンダーがいるとよいと思いました。

外資系企業での違い

2番目の会社は外資系だったのですが、外国のシステムの作り方の違い（仕事や人の違いなのですが）も感じました。実際にエンドユーザーの作業方法は、国々によって変えている部分も多いでしょうが、基本的に本社の方法が踏襲されます。ただ、作業が同じなら、システムも同じなのか、といったことも考えてみたいと思います。

生産性の実績から

いろいろ工夫をすれば当然ながら生産性が上がります。筆者の扱ったプロジェクトは、結果的に見ればかなり生産性が高かったようです。

F・P・ブルックス

生産性で思い出すのは、F・P・ブルックス（Frederick P. Brooks, Jr）です。1975年の『人月の神話』（注）（邦訳版はアジソンウェスレイパブリッシャーズジャパン刊）では「生産性に16倍の差があった」という文章が刺激的でした。ちょうどオンラインシステムを開発しようとしている時で、同時期にソフトウエア危機や、「構造化」問題（構造化プログラムや構造化設計）が盛んに論じられるようになってきた時で、考えさせられるものがありました。

また、同著者の1989年の「銀の銃弾はない」（No Silver Bullet）は、会社を変わったばかりで、新しい会社で今後のIT部門や開発をどのようにしようかと考えている時に出た論文で、これも考えさせられるものでした（『人月の神話』の新装版にも収められている）。開発で効果のあるものはない、パッケージを使え、インクリメンタルにしろ、グレートデザイナー、などというのも参考になりました。また、ソフトウエアで同じことをすることはない等というのにも興味をひかれました。

筆者の仕事で、ある程度生産性が評価できるものを挙げます。かなり客観的な数字があるものです。単なる自慢や自惚れと思っていただいても結構ですが、それほどうそでもありません。

注：人月

システム開発の見積もりは人月で表すのが標準です。「何人が何ヶ月かかるので開発量を××人月にしよう」ということが行われます。ただ、例えば遅れているので何人月追加しようということが行われるのですが、これがうまくいかない（いかなかった）と

いうのが、F・P・ブルックスの言い分です。

大規模生産管理システム

　大規模生産管理システムは2つのサブグループに分かれて実施しました。最初の見積もりは筆者とリーダーの上司とで行ったのですが、リーダーは失敗しないようにということで、通常の10〜20％の増（コンテンジェンシー）に加えて見積もり量を2倍にしました（合計2.5倍）。実施した結果は筆者のサブグループは当初の予定通りだったのですが、別のサブグループは2.5倍した見積もりの2.5倍程度はかかっていました（実質的には2.5 × 2.5 = 6.25倍）。筆者がだいぶ手伝ったのにもかかわらずです。

　リーダーはこのプロジェクトはいろいろな意味で失敗したくなかったので多めの見積もりをしたのですが、まったく意味がなかった気がします。見積もりをするに当たってはある程度の前提を置くのですが、単に2倍にしたりすると、その基準が崩れて、かえって進め方や、個々のフェイズの期間などにおいてプロジェクト管理に間違いを起こすようです（意味がよく分からない読者がいるかもしれませんが、要は見積もりを2倍にした時の対処法が分からない担当者がいるということです。今までの方法を変えようとすると、どのようにしてよいか分からないのです。一本のプログラムだけならあまり問題は発生しないのですが、複数プログラムや複数サブシステムからなるフェイズ分けをしなければならないようなシステムの場合、見積もりを2倍にしたことによる影響はより多くなります）。

　どのようにするにしろ、普通はスケジュールは見積もりの2倍の期間はかかると考えておいた方がよいのかもしれません。なお、その後の経験から見ると、6.25倍が標準だったのかもしれません。

勘定系システム

　会社を変わってから、最初の勘定系のシステムでは、外資系の会社だったこともあり、本社から監査人などが来るのですが、かなり多くのプロジェクトを見て

きた彼らの経験などからしても、本社で使っている英語のソフトを日本語に直すのに筆者の最初から開発するという見積もりの3倍、新しく開発すれば5～10倍かかると言われました。一応、ほぼ予定通りに終わったと思います。

　筆者の後任の者がこのシステムをERPに変えたのですが、直接の開発要員以外の人月は筆者がした時のほぼ10倍ぐらいになっていました。もちろん筆者が開発した時は、社内事情もあり、人も入ってこないという状況もあったのですが。

情報系システム

　筆者の役割は勘定系の時はある程度、システム設計を行ったのですが、次の情報系システムの開発では、ほとんどプロジェクトマネジメント程度にしました。出来上がった後に、それ以前に開発していた会社の人と話した時に、今後使いたい費用もあり、かなり多めに実際の費用を言ったのですが、さらにその数倍はかかるという意見を言われました。もちろん会社の規模などもあり、一概には言えないとは思いますが。

ソフトウエアの生産性の差は大きい

　ソフトウエアの生産性の問題は難しいものです。前に述べたF・P・ブルックスのように16倍というものから50倍や100倍というような論文もあった気がします。あるメーカーに生産性が平均の5～10倍ある人が5～6人いると書いてある記事を見たことがあります。多分1000人に一人ぐらいはそのような人がいるのではないかと思います。筆者がそうかどうかは別にして、そのくらいの割合ではいるのでしょう。どのくらいかは別にして、かなり生産性の差があるということを認識するのは重要です。ただ、一定の見積もり通りできないと、種々の面で困るのも当然です。

　筆者の最初に在籍した製造業の会社では、「ある作業を特定の作業員にさせると、20～30％生産性が上がることがある。場合によっては50％上がることがある。個人によってずいぶん違う」と言われたものです。多分、現場で物を作ると

いう作業では、20～30％でも大きな違いなのだろうと思います。ただ、ソフトウエアはそれどころではないと言えます。筆者も自分なりに優秀だとは思っていましたが、これほど差がある（筆者の場合は5～10倍ぐらいか）とは思いませんでした。

　生産性の定義も難しいものです。前掲『人月の神話』に書いてあることに、ソフトウエアは同じことを2度することはないというのがあります。2度同じことをすることはないので、生産性の比較は困難とも言えます。当然ながらいろいろな試みがなされ、生産性を上げようと、見積もり方法等についての種々の研究が行われています。自社の方法で実績を積み上げて、自社なりの見積もり方法を考えなくてはいけないのかもしれません。もちろん、種々の研究や実績などを参考にしながらです。エンドユーザーがいかに正確に本質的な部分を伝えることができるか（逆に言えばエンドユーザーから正しく聞き出せるか）ということの影響も大きいのですから。また、ITの担当がいかに経験を積み、勉強しているかということの影響も大きいでしょう。

企業内IT要員

　同時に、生産性を上げられるのは、企業内IT要員なのだと思います。社外の人には難しい。社外のベンダーの生産性がもし10倍あっても、1/10の見積もりを作ることはないでしょう。9/10の儲けという方法を選ぶに違いありません（生産性が10倍あると分かっていればですが）。

　ソフトウエアの生産性の違いも先ほどの生産現場のように20～30％の違いに収まってくれればよいと思います。企業内で経験を積まないとできないし、後から述べる基盤システムのようなものによって（自社と合っているかどうかによって）決まってくるのかもしれません。特に日本の現場では、改善活動が盛んです。ソフトウエアにおいても同じようなことが言えます。もちろん、大きな変革（改革）とあいまって進んでいくのだろうと思います。

　本書では、筆者の経験を通して、企業内ITマンとしてどのようにしたらよいかについて考えていることを述べてみたいと思います。多くはベンダーのSEに

も通じることだとは思いますが、前に述べたようにベンダーのSEでは難しい部分もあります。

ITマンの評価

　生産性は企業において、要員の評価をする時の大きな要因になるでしょう。ただこれだけ差があると、どのようにするかは難しいものです。ソフトウエア会社では、上級SE等でも非常に優秀な人を役員と同等に遇するということが最近は増えているようです。ただ、企業内IT部門というのは、ITベンダーとは違う気がします。他の部門（製造とか営業とか経理とか）と比較することも重要だからです。

　企業内においてIT部門を特別視し、査定や考課がないがしろにされてきた感じもします。まだ企業内ITの評価方法が定まっていないというだけのことかもしれません。というより企業内ITの仕事そのものが定まっていないのかもしれません。これら（評価方法を定めることと、企業内ITの仕事そのものを定めること）も重要なことだと思います。

第1章
企業内ITを始める

　この章では、1970年から約20年の間、最初の会社でシステムを担当していた間の初期（2〜3年間）のことを主に取り上げます。プログラミング（もっともSEの職種との境界も未分化でしたが）やオペレーションの担当だった頃です。私が始めた頃は、一応業務システムができていましたが、まだまだオンライン等も行われておらず、コンピュータの初期です。また、主に自社要員で運営する時代でした。

　もちろんITの純技術的なことなどは最近とは大きく違います。ただ、普通のIT担当にとっての基本のようなことはそれほど違わない気もします。その遠い昔でも、技術の進歩はあり、それについていこうとか、生産性を上げようと考え、努力してきましたし、それらの方法が今とあまり異なるとは思いません。

初期のプログラムから——前例に捉われるな

　筆者が初期に作成したプログラムを参考に、プログラムについて考えてみたいと思います。プログラムを作成する時の再利用問題とも言えます。
　もっとも、筆者の方法が、他の人にとっては奇妙に感じたようなので、なぜそのようなことにしたのか、ということを主なテーマにします。また、技術計算と事務計算の関係について感じたことも述べます。

ユーザーの要望とそれまでの方法

　ユーザーの要望は、線形計画法（最適解を求める手法の1つ）を使用して最適解を得、その結果のデータから種々の表を作成するというものです（システムの概要）。
　それまでに、その会社では、過去に線形計画法を使用した例が、いくつかありました。それらのプログラムは、コンピュータメーカーから提供されたプログラムを修正して使っていました。その元のプログラムは、データのカード（もう見たことがある人も少ないかもしれませんが）を読み込んで、最適化の計算をし、出力はプリンタになっていました。
　筆者は今までのやり方などをチョット聞いたのですが、実はよく分かりませんでした。まだプログラムは練習に近い状態ということもあり、筆者の能力がなかったとも言えます。
　プログラムは通常入力データの処理があって、必要な計算ロ

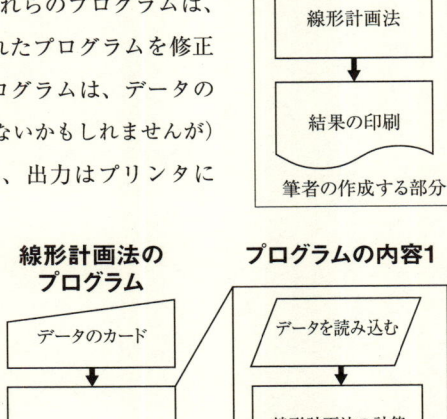

第1章　企業内ITを始める

ジック部分があって、出力データ処理があります（前頁下「プログラムの内容1」図）。

このプログラムをもう少し詳しく見ると、右の図（「プログラムの内容2」）のようだったと考えられます。筆者の前に実施した人は、この計算のメインの処理部分を主に使用し、他の部分は自分で作成していたようです。作成した本人は、かなり苦労したと話していました。

この時問題なのは、入力データの処理や計算ロジックの部分と出力データ処理の一部が重なってしまい、何をしているかよく分からないし、その分離が難しいことです。仕様書もよく整理されていません。

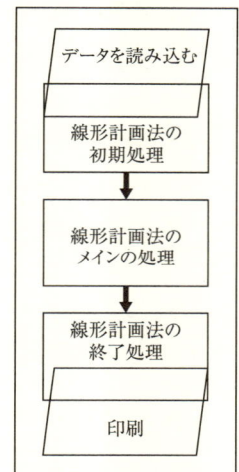

プログラムの内容2

筆者の方法：プログラムは変えない――前例にとらわれない

筆者はどのようにしたかと言えば、このプログラムは変更しないというものです。もっとも、昔のプログラムなので読み込みや出力をディスクやテープに変更するというプログラムの変更は必要でしたが（入出力命令を一字変えただけです）。

もちろん、前のプログラムのアウトプット形式を読み込むカードと同じ形式で書き出すプログラムの必要があります。アウトプットについても、新しいプログラムになります。通常、見積もる時には本数が問題になるので、見積もりが増えると言えるのですが、実際には工数は数分の一になっていたと思います。

他人の作ったプログラムを使うというのは難しいものです。知らず知らずのうちに癖が出たり、チョット便利だからといって、入力データ処理の部分に計算ロジックの一部が入っていたりもするのです。今回のプログラムでは、個々のデータの二乗の計算等が入ります。

変更しやすいように最初からできていればよいのですが、バグが増え、最初から書くのより時間がかかることも多いのです。もちろん、その頃は、コンピュータのCPU能力（**注**）もないし、メモリ（**注**）も少ないので、なるべくコンピュー

21

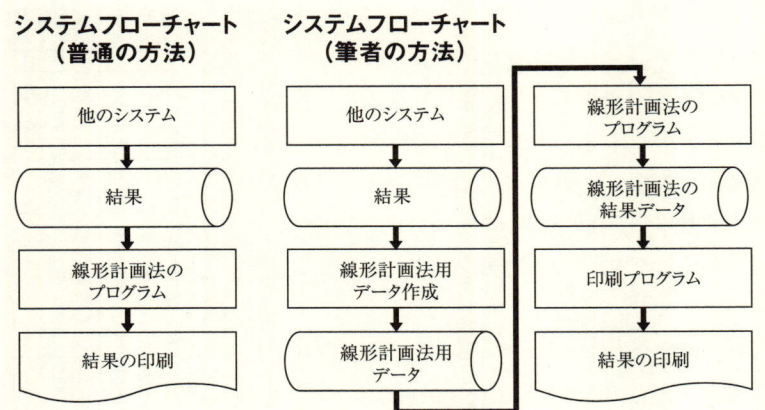

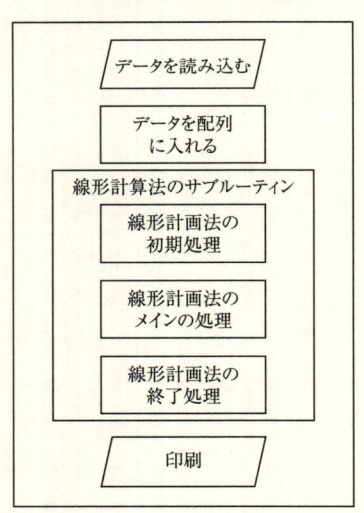

タ資源を消費しないプログラムにするために、このようになったという理由もあるので、必ずしも非難するわけではないのですが。

ソフトウエアに限らず、前例や通常（と思われる）のやり方を踏襲してしまうのは仕方がないのかもしれません。ただ、あまりそのようなことにとらわれてはいけないのでしょう。

注：CPU、メモリ

CPU（Central Processing Unit）は日本語に訳すと「中央演算装置」となります。まあ、一言で言えばコンピュータの心臓部です。頭脳かもしれません。頭脳か心臓なのかというのもおもしろそうなテーマですが、ここでは、コンピュータそのものの説明をする場ではないので、省きます。

メモリは記憶装置です。ただ単にメモリという時（今回もそう）は主記憶装置を指します。主記憶装置というのは、人間で言えば頭脳の中の記憶装置部分と言えるかもしれ

ません。他に、ハードディスクや磁気テープも記憶装置です。これらは机や、引き出し、キャビネやロッカーのようなものです。

コンピュータはそれら以外に入出力装置からなります。大きさですが、昔の大きな部屋を占有していたようなコンピュータが、今のパソコンより能力がないと言われます。

技術計算の中にある事務計算

技術計算をしていて気がついたもう1つの点は、技術計算といっても事務計算的な要素を含むことです。技術計算グループとして仕事をしているのですが、プログラムの内部ではデータの入出力のルーティンに取られる手間が意外と多いということです。今回の処理でも、入力データの作成とか、出力をユーザーに分かりやすいように、集計したり、並べたりということの方に手間がかかりました。このような意味でも、プログラムの担当も、技術計算の結果をアウトプットしたら、その後は事務計算だと考えた方がよいのではないかと思いました。

その後25年ほどたって、このようなこと（最適化）に本格的に取り組んだのですが（2つ目の会社での情報系）、そのプロジェクトの通常の担当者（システムの担当者）とAI（人口知能）等の専門家との組み合わせになりました。ただ、ロジックの部分が終わらないと、次のステップに入れないということもあり、時間がかかってしまいました。簡単な作表なら誰にでもできるようにするべきということもあり、なかなか難しい面もあります。

ソフトウエアの再利用

最近はプログラムを管理して再利用性を上げる方法が進んでいます。再利用はものまねという考え方もありますが、考えること自体が、その前の何らかの経験を元にしているはず、という意味では世の中すべて再利用とも言えます。現在、ノウハウの共有が重要視されます。これらも再利用と言えるでしょう。

初期のシステム――ある事業のシミュレーションでのいくつかの問題：エンドユーザーのテスト参加等

　もう技術計算も終わりの頃、ある事業の先行きを考えるのにコンピュータで何かできないかという依頼がありました。この会社のメインであった事業の国内での先行きが心配になり、当該事業部がこのまま日本国内で続けていくことがよいかどうか心配になったようです。事業の損益推定のコンピュータシミュレーションシステム（注1）の開発ということになります。このようなシステムは結果が正しいかどうかの判定が難しいように思えました。エンドユーザーがチェック（注2）すれば、おかしいかどうかすぐ分かるのですが、SEやPGにはすぐには分からない（分かるまで時間がかかる）ことが多いのです。

注1：シミュレーション（Simulation）

　シミュレーションというのは「真似をする」ということのようです。「コンピュータとはシミュレーションする機械」というのは筆者の好きな言葉です。

　昔（今でもそうですが）シミュレーション言語というのがありました。普通のシステムをそのような発想で組むのもおもしろいと思っています。

　最適化という観点からは、最適解があるものと最適解が必ずしもないものの2種があり、最適解があるものはOR（オペレーションズ・リサーチ）の手法で、最適解がないものはヒューリスティック（発見的）アプローチが使われ、シミュレーションの手法が使われるというのが基本です。「この両方の方法を組み合わせましょう」というのが今回の（というより一般的に言えることですが）システムの趣旨です。最適解がないこともあるというのは重要な視点かもしれません。

注2：プログラムのチェック

　コンピュータシステムのチェックとしては通常、IT側でプログラムのテスト（単体テスト）、あるグループ（サブシステム）でのテスト（結合テスト）、全体のテスト（総合テスト）があります。エンドユーザーとの間で交わされるテストとしては、納入する時に受け入れテストがされ、実際の運用時と同じ状況のテスト（運用テスト）、旧シス

第1章 企業内ITを始める

テムの運用をしながら新システムを動かす並行テスト等があります。

　すべてを行うとは限りません。今回の話題はIT側のテストにエンドユーザーが加わるということです。筆者はよくエンドユーザーに参加してもらいました。効率を上げるためには望ましいのですが、ベンダーとエンドユーザーの間で実施する時などは難しいかもしれません。少なくとも社内ITとしては、結果を見てあまりにひどくない結果かどうかは判断できるようにすべきと思います。

開始

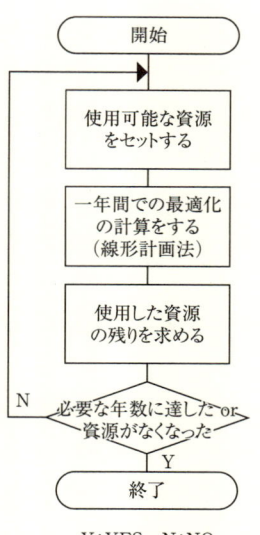

　最初の打ち合わせで、エンドユーザーから概要が話され、何か方法がないかと聞かれました。その時筆者の上司は、「チョット難しいですね」と言ったのですが、筆者は大学の時に少し勉強していたので「よく分からないのですが、今考えられるのは一年間の最適化は線形計画法で計算できそうです。その計算で使用した資源を翌年度は減らして翌年度の最適解を求める、ということを必要な年数繰り返すぐらいですね」と述べておきました。後からその事業部の方からやってくれないかという依頼があり、自分で前に述べた線形計画法のプログラムを利用して、プログラム（システム）を作ることになりました。

Y:YES　N:NO

開発——エンドユーザーのチェック作業の参加

　開発は試行錯誤が続きました。今から考えれば試行錯誤ということだったと思うのですが、まだまだ新人だった私はおもしろさもあり、全体をいつまでに終わらせるのかということも考えずに、張り切って進めていきました。一応の結果が出ても、次には事業の環境が変化した場合（例えば価格が変化する）のシミュレーションもしてみよう、ということで何度も試行を繰り返すことになりました。あ

25

る程度終了した頃、私自身も途中で職場が変わることになり、他の人にパラメタの設定方法等を教え、引き継ぎました。

　全体的には上記の通りなのですが、システムの開発中、テストをしている時に、何度か（何度も）コンピュータで出た結果が良いのか悪いのか分からなくなることがありました。単に合計が合えばよいというわけにはいきません。この場合、システム（プログラム）がバグなくできているかという問題と、シミュレーション方法も自分で考えているので、方法が間違えているのではないかという問題もありました。プログラムが間違えているのか、方法が間違えているのか、そのどちらか分からなくなるのです。

　そのような場合にはエンドユーザーの意見が参考になりました。エンドユーザーはある程度結果が感覚的に分かるのでしょう。自分なりにいろいろ考えてきて、事業の成り行きに疑問を持ってこのシステムの依頼をしたのでしょうから。また、私が考えると結論が出るのに時間がかかってしまうのですが、エンドユーザーと話すと結論が早いことも多かったものです。

システムやプログラムのチェックのエンドユーザーの参加

　では、プログラムのチェックは誰がどのようにしたらよいのでしょうか？　基本的にはPGやSEが結果が合っているかどうかチェックすべきでしょう。ただ、エンドユーザーがチェックすれば、すぐ分かることも多いものです。それは仕事ですし、データを毎日のように扱っているのですから。特にこのようなシステムの場合、エンドユーザーが結果を見て判断するのが一番簡単です。

　あまりにかけ離れた結果が出ないように、注意してからエンドユーザーに見せるのが望ましいのですが、今回のような件ではそれも難しい場合もありました。そのような場合に重要なのは、エンドユーザーに不信感を持たれないようにすることです。IT部門としてまじめに責任をもってという感じが出ていれば（実際にそのようにすれば）ひどい結果が出ていても笑って済ませられるものです。

　この頃は、昼間は日常のシステムを稼動させるので、大きなテストは夜にするのが普通でした。エンドユーザーも筆者の夜の仕事が続いたのを見て、「何か手

伝いたいので夜も出ますよ」と言ってくれました。エンドユーザーに来てもらっても特にしてもらうことはないので断ったのですが、熱心さだけは認めてもらったようです。

　なお、最終結果だけでなく中間結果を出すのは、エンドユーザーにとってもシステムやプログラムをチェックする上では、実際には非常に役に立ちました。「コンピュータの結果を信じる」などと言う人が多いのですが、特にこのようなシステムは中間結果が重要だと思います。

企業内IT部門として実施すべきか

　まず、問題は上記の件（「コンピュータで何かできないか」と言われた件）は引き受けるべきであったかどうかということです。この件については筆者の大学時代に習ったことや、少し前に仕事でした線形計画法等の理解があったから実施できました。通常、IT部門はその方法についてどこまで考えるのかという問題があります。通常の事務計算（会計等）のようなものは、基本的な計算方法などは決まっていますし、それまでも現場でしていることです。その計算方法をそのまますするかどうかは別にして（この件はエンドユーザーとの関わりで後述）方法は分かっていると言えます。この件のようなことは少し問題があります。引き継いだ人にも迷惑をかけたと思います。

　今回の件など、筆者がもう少しシミュレーション系に詳しければ、やり方も違ったかもしれません。筆者はこのようなことに関して専門家ではないとも言えます。方法でも他の方法があるかもしれませんし、筆者がしたようなことがもっと簡単にできるようなソフトが（少なくとも現在は）あります。

オペレーション：情報の製造部門

　職場が変わって（前の会社の子会社ですが）、普通の IT 担当がするように最初はオペレーションを担当しました。最近はオペレーションをしない IT 要員も多いようですが、システム上の問題点なども分かり、経験していて損ではない仕事だと思います。
　IT 部門の仕事が情報を製造することと考えれば、メインの作業と言えるかもしれません。同時に製造現場ということでは、自動化が進められる部分でもあります。最近は種々のソフトウエアが発達しているので、人手をかけることもなく、監視作業のようになっていると思います。昔は組み立て工場、今は装置工場のようなものかもしれません。

最初の会社でのオペレーション作業

　その頃の（今でも多いと思いますが）IT 部門は、夜中に種々のバッチ処理（**注 1**）をしていました。昼間にデータの入力作業が行われるので、翌日の朝にユーザーに情報（紙）を届けるためには、作業は夜間にせざるを得ません。配布作業や、データのバックアップやファイルの再編成（**注 2**）を行う等、翌日以降の作業の準備もしていました。
　その頃は 2 台のテープユニットを使用し、スプールデータ（印刷データ）を片方に書き出している時に、もう一台から印刷するということをしていました。プリントされているものを見ながらテープのユニットをいつ切り替えるかというのが、テクニックだったような時代です。
　ディスクの取り替えも必要になるのですが、なるべく早く取り替えて時間短縮を競ったものです。もちろん、取り替え時には警告が出て実行が止まるのですが、警告の前に架け替えるとアイドル時間が少なくなるのです。
　連続用紙を切断する作業等の際も、用紙が破断（はだん）しない範囲でスピードを上げる等のテクニックが必要でした。月末など大量データ処理の時は、運送業者の出発

時間に合わせるようあせったりしながら仕事をしていました。

　問題が多かったのはオペレーションではなくJCL（ジョブ制御言語）などのミスだったかもしれません。それも単純なものが結構多かった。問題が起こった時に対処するために、1ステップ前のファイルを消さないで残しておくということを行うのですが、そのファイルが残っているために、翌日にファイルを作成する時にファイルが二重ということでエラーになってしまうのです。

　ファイルを削除しリラン（再実行）をすればすぐ直るのですが、オペレータがいつも見ているわけではないので、気がついたら数十分機械が止まっていたというようなこともありました。プログラムのエラーがあって異常終了する等ということも結構あって、他の人の担当のプログラムでもソースプログラムを見て、直せれば直してリランする等ということもしていました。

　そのうちに、実行するJOBの数が増え、コンピュータのコンソール（操作卓）がタイプライタからディスプレイになり、段々、ディスプレイに出る字が読めないような状況になりました。コンピュータの処理スピードが上がって個々の作業が見えなくなってきたのです。この時期から、組み立て工場から装置工場に変わってきたような気がします。

注1：バッチ処理

　コンピュータの処理方式の一種で、データをまとめて処理する方式です。データをその都度一件ずつ処理するオンライン処理（本来はリアルタイム処理）と対比されます。初期のコンピュータではバッチ処理が普通でした。最近は皆オンラインです。何でもリアルタイム処理というのが最近の傾向ですが、バッチ処理をうまく使えば、コンピュータが効率よく使える気はしています。

注2：ファイルの再編成

　データの追加削除等により乱れたファイルの配置を適正化すること。昔はファイルを一度テープ等に書き出し、元のファイルを削除して、新たに索引を作りながら書き出すようなことをしました。

　再編成をすることにより、ファイルのアクセス速度がかなり上がることや、容量が減少することがあります。急に遅くなってしまい、調べていくと再編成が行われていな

かったというようなこともありました。

オペレーションミス

　JOBをあるグループごとに流すのですが、その順番を間違えるとか、用紙を配布する時の配布先のミスとか、テープを間違える等というのが通常のミスです。磁気テープに書き込み禁止のリングがあるのですが、リングをはめるという基本的な操作を忘れたことにより上書きしてしまうこともありました。筆者のいた頃の工場は朝8時から翌日の朝8時で一日とするのですが、日付を間違えるなどということもありました

2番目の会社で

　次の会社では、ユーザーの要求によって現場に出力するようにし、オペレーションを減らしました。勘定系システムは、一日にバックアップ用の磁気テープの交換作業を10〜20分するだけにしました。連続用紙は極力使用せず、現場のレーザープリンタで印刷し、単票用紙を使用するようにしました。複写用紙が必要な場合は、必要な部署に簡易なドットプリンタを配備しました。
　情報系は外部からのテープを元にバッチでデータベースを作成するという作業をシステムの担当が週に5〜6時間していたでしょうか。今では情報提供会社からオンラインで提供するという話もあり、オペレーションの作業はより少なくなっているでしょう。
　システムの担当者がするようにしたことで、あるいはオペレーションは少なくするようにしたことで、オペレーションミスは減ったようです。必ずしもオペレーションミスとは言えませんが、ディスクが一杯になって動かなくなったこともありました。注意していれば起きないことなので、人為的ミスと言えます。
　ただ、エンドユーザーのオペレーションミスは、担当分ではなく全社分など必要以上にリストを出してしまったり、監査上必要なリストが印刷されていないといったことがありました。

筆者が辞める頃は、必ずしもオペレーションの問題とは言えませんが、コンピュータウイルスに自宅で感染して、会社のネットワークに接続したところ、担当の初期の処置が悪く、全社に広まってしまうといったことがありました。

オペレーションの改善や変化

オペレーションは情報の製造作業だと前述しましたが、製造部門と同じように考えればよいかもしれません。ただ、製造業にもいろいろあります。筆者の初期のような組み立て型的な仕事の時は、個々の仕事の確認等を行い品質を上げたり、個々の時間の短縮を図ることや、並行して稼動させられないか、段取り替えの回数と時間を短縮するにはどのようにするか等を検討しました。それらは工程の設計の問題ともいえ、QCサークル等でも現場のスタッフと一緒に改善活動をするように双方の連携が必要なのでしょう。

今の進んだITでの（多くの）オペレーションは、特別なものを除いて、多分装置産業のように自動化されているように思います。オペレータの作業は監視作業のようになっているでしょう。その場合に重要なのはコンピュータウイルスへの対応のような、突発的な異常事態への対応なのでしょう。

オペレーションを外部で行えば仕事はなくなりますが、単に外部にするだけでは問題を起こすことも多いものです。オンライン化をすれば、現場からの入出力になります。そうなると、それまでIT部門内でキーパンチをしていた人が不要になります。現場で帳票をアウトプットできるようにすれば、帳票を配布する作業はなくなります。

ただ、現場で入力すれば速く正確になり、現場の近くでアウトプットを出すのは、現場で便利になるからで、オペレータの作業をなくそうというのは二義的な問題です。社内のIT部門としては、自社のITや従業員のことを考え、全体のバランスの上に立って考えていくことが必要なのでしょう。

今後は、監査等の関係で必要なオペレーションや、大量の印刷物の配布等の作業以外はかなり少なくなると思われます。

障害

　最初のオペレーションの時に大きな障害が起こりました。原因のよく分からないハードウエアの障害でした。いろいろな障害に遭いましたが、障害はハードウエアや災害による障害よりも、人為的なものや思ってもみない障害も多いのです。

最初のオペレーションでハードウエア障害が起きる

　最初のオペレーションの時に障害が起こりましたが、なかなか原因が分かりませんでした。2日ほどたった頃、これでは駄目ということで、ハードディスク（その頃は取り外し可能なディスクでした）を取り外し、東京のコンピュータメーカーのセンターで作業をすることになりました。
　筆者は初めて夜中に仕事をするということで張り切っていたのですが、このような時に新人にできることはありません。他のメンバーが工場のある静岡県から東京に向かったのですが、途中で機械が直って、すぐ引き返しました。これ以降このように長期にわたって故障するということはありませんでしたが、コンピュータメーカーを変える要因の1つにはなったかもしれません。
　違うメーカーの機械に変えてからも、原因不明の障害が起こりました。困ったことにいつ出るか分からないのです。どこからか電磁波が出ていてそれが原因らしい、ということでシールドしたりするのですが、しばしば障害が出ます。
　最終的には原因は、記憶装置にメモリィの障害に対する保証のために加えられている部分があり、そこが故障していたということらしいのです。障害対策部分がおかしくて、原因不明の障害になることが他にもあった気がします。病人に与えた薬が元で、後々障害が出た、ということと同じようなことかもしれません。

災害による障害

　災害による障害は思ったより起きていない気がします。筆者の記憶にあるの

は、古くは仙台や伊豆、新しくは（もう10年以上前ですが）阪神淡路の地震でしょう。ただ、コンピュータが倒れたということは聞きましたが、私が思っていたより災害による障害は少なかったようです。

筆者の経験では雷により現場端末が数十台壊れたことがありました。日本中から部品や予備機を集めてもらったのですが、全部回復するまで3日ほどかかりました。データは人間がパンチして入力して何とか間に合わせました。

人為的ミス

ハードウエアの障害よりも実際に多いのは、オペレーションミスや、ソフトウエアの不具合による障害です。人為的ミスと言えないこともありません。

重症なのはソフトウエア障害により、ファイルの中身が正しくなくなるものです。データを再度入れ直すのは、エンドユーザーの反発を買います。

昔の障害対応

昔は、通常のバックアップからデータを戻してのリラン以外にいろいろなことをしました。磁気テープを間違い、誤って他のデータを上書きしてしまったのですが、前に書かれたデータが必要になり、最後までテープを読み飛ばしてバックリード（逆順に読む）で読めるところを生かしたこともありました。

ディスクが故障しても、何とか必要なところを読みたいと思ったのですが、機械がディスクを認識するところでエラーになってしまいます。そこで、正常なディスクをのせて認識させ、電源を強制的に落として障害のあるディスクに取り替えて、トラックとセクターを直接指定して読む等ということもしました。最近ではできないでしょうし（ディスクが取り外せない）、ユーザーが実施したら、責任を持てないとメーカーから言われそうです（昔もそうでした）。

このようなことができるのも、ディスクやテープのデータの構造が少し分かっていた（詳細に分かっていたわけではありません）からかもしれません。今は昔に比べてずいぶん故障は少なくなっている気はしますが、基礎的な構造は理解して

おいた方がよいと思います。

思いもかけないことが起こる

　地震とか停電などのようにある程度予想できることもありますが、雷で多くの端末が止まるということは考えてもみませんでした。思ってもみなかったことが起こるということを肝に銘じておいた方がよいようです。
　その場合の考え方は、地震が起きる、火事がある、といったことと同時に、もしホストのコンピュータが止まったらとか、ネットワークが止まったらどのように対応するかを考えた方がいいかもしれません（結果事象に対する対策）。

基本対策——ITだから対策が特別なのか

　障害への対応というのは、ITの専門性が必要な部分が多いようですが、そうでないという気もします。基本的にはどのような（IT以外の）障害でも、障害がなくなるよう工夫することと、障害が起きても対応できるようにすることです。障害が起きないようにというのは、地震対策のようにしっかり部屋を作るとか、ソフトのテストを厳密にしておくということでしょう。
　障害が起きた（壊れた）時にどのようにするかと言えば、基本的に予備を持っておくこと、つまり二重化です。書類だってコピーを取って、別途、保管しておくことと同じです。機械だって、もし故障の可能性があるのなら（壊れないものはありません）、費用が許せば予備を持つでしょう。
　また、予備を考えると、数台必要なものは、なるべく同一機種にそろえて互換性を考えるのも当然です。数台必要なものがあっても、予備は一台でよいかもしれません。

企業内IT

　機械が壊れた時のことを考えろと言うと、時々、「なぜそのようなことが起き

るのか。無駄なことを考えることになるではないか」という質問が来たりします。また、「そもそも、そんなことを考えるのがいや」という人が結構います。また、外部のベンダーの責任にしたり、「壊れないものを作れ」と言うだけだったりします。このような態度は改めなくていけません。

　基本的な方針（最近はポリシーと言う）は決めておく必要があります。例えば電源の二重化は本番系だけにするとか、ファイルのバックアップをとるのはどの時点かといったことです。どの程度の対策をとるかは、重要性とか危険性およびリカバリィ時間などの判断によります。それらを社外の人に任せると、どうしても基準の標準が最高のものになってしまいます。

　また、ハードやソフトの進化に応じて変えていく必要もあります。もしこのような機器が安価になったらどうするということを考えておくのもよいことです。例えば、バックアップ装置も昔はテープ装置主体でしたが、最近はハードディスクの値段が安価になり、第一義的にハードディスクにバックアップをとるということも行われます。ネットワークのコストも安くなってきたので、遠方のセンターにデータをネットワークを通じて送って保存することも行われます。

　今後は人為的なことから起きる障害に対する対策、個人情報保護とか日本版SOX法（企業改革法）等も考慮に入れて対応することも重要でしょう。

システム設計と障害対応

　これらの障害に対応するためのシステム設計は必要でしょうか？　実は筆者はあまり（全然ではありません）障害やオペレーション対応ということで、システムを考えたことはありません。

　オペレーションでも、シンプルなシステムで、分かりやすいこと（そこが難しいとも言えますが）が、障害が起きた時の対応をも早くさせます。処理時間も思ったより早くなるのではないかと思います。

　また、複数のハードウエアやシステムが稼動していないと動かないシステムのようになっているのは避けるべきでしょう。必要な場合でもその一部を切り離して稼動できる（独立性）といった考慮は必要だと思います。

コンピュータのメーカーを変える──標準化は重要

　筆者が次の職場に行ってすぐ、というより行く前からららしいのですが、ホストコンピュータを外国のものから日本のメーカーのものに変えようという話が進んでいました。価格が安いし、その日本製のコンピュータでもPL/I（汎用プログラミング言語の1つ）が使えるようになったということが大きな理由です。まだ新しい職場でしたが、コンピュータ関連で採用した最初ということもあったのでしょうか、筆者の担当になりました。

必要な作業

　コンピュータの変更方法は初めてでよく分からなかったのですが、必要なことは、今まで書いたPL/Iのプログラムと JCL（Job Control Language）を新しいコンピュータ用に書き換えるという作業であるようです。

　当然、テストはしなければならないので、新しい機械用に変更したソースプログラムとテストデータを日本のメーカーのセンターに持ち込んで、ソースプログラムをコンパイル・リンケージして、テストデータをディスクに落として、テストするという作業が必要らしいということを聞かされました。

　一番の難題はソースプログラムの変

コンピュータ変更の流れ

［フロー図：ソースプログラム JCL → 新コンピュータ用に変更 → 磁気テープにコピー → ハードディスクにコピー → コンパイルリンケージ → オブジェクトプログラム → テスト結果のチェック 変更方法検討／データ → 現(旧)コンピュータで → 磁気テープにコピー → ハードディスクにコピー → 新(テスト用)コンピュータで → テスト用データ → テスト → テスト結果］

更です。一本一本変更部分を力任せに変更していくという方法もあるでしょうが、その場合次のような問題が生じます。

1）新しい機械の関係で修正している間に、ユーザーの依頼などによって実際に必要な変更が入ってしまうことです。その場合、二重にソースプログラムを管理することが起こり、どちらかを直し忘れて問題を起こすのではないかという心配です。このようなプロジェクトの間はプログラム変更は止めるというケースもあるようですが、ユーザーに迷惑をかけるのは最小限にするべきだと考えました。

2）修正しても、自分の近くにコンピュータがないとすぐ実行することができず、正しく変更したかどうかも分かりません。そして実際にテストする時までに時間が空くので、実施した時なぜこのようになっているのか分からないということも多くなります。

　実際の作業は機械が入ってからということになることも多いのですが、機械を早く入れると費用がかさみます。単に費用だけならよいのですが、場所や電源も必要です。現在はテスト用には比較的安価に購入できると思いますが。

3）特にこの時はどこを修正すればよいというのが、はっきり示されていなかった気がします。大まかにこの点と、この点が違うというのはあった気がしますが、外国のメーカーの言語と日本のメーカーの言語の仕様の違いがはっきりしませんでした。

自動変換を検討する

　まず、プログラムの自動変換を考えました。メーカーに聞いても、自動変換の経験はあまりないようです。というより、外国メーカーのPL/Iを日本のメーカーのものに変えること自体あまり経験がなかったらしいのです。このプロジェクトが終わったあと、メーカーから「自動で変換できたのはどのくらいの割合（％）ですか」と聞かれました。他の会社でも同じような問題があったのだと思います。

　また、雑誌にその時の経緯等を書いて下さいという依頼があったことも考えると、ほとんど日本で初めてに近かったようです。また、できると言って、もしできなかったらという懸念がメーカーにもあったのでしょう。

そこで一応、マニュアルを読みました。後にも先にもマニュアルをほとんど全部読んだのはこの時だけのような気がします。命令の違い等をチェックした結果、自動でできそうということで、自動変換のプログラムを作成しました。

その理由は、ソースプログラムの二重管理はできないと思ったこともあります。ソースプログラム等を管理しやすいようなファイル形式（区分編成ファイルと言います）が使えるようになったことも影響しています。もっとも、プログラムを画面から打ち込んで作成、修正ができるようになるのは、もう少し後ですが。

実施

自動変換は比較的効果がありました。その理由はある程度コーディングについては標準化されていたからだと思います。あまり難しいコーディングをしていなかったからかもしれません。一度テストすると、いろいろ問題も見つかりますが、その部分は、ソースプログラムを直してもよい部分が多く、二重管理にはせずに、両方の機械で使えるように極力直しました。

ただ、ソースプログラムとデータをテストのセンターに持ち込み、テストをするというのは、かなり無駄な作業が発生します。本来は、一度テストした状況を保存しておいて、その後変わった部分のみをテストすればよいのですが、その管理も大変ですし、ソースプログラムも変えられているものもあるのではじめから全部ということが多いのです。

ということで、実際に大きく進むのは、機械を導入して並行でテストできるようになってからでした。

問題点

純粋にプログラムで問題になったのは、本来は文法的には間違えているのに、前のコンピュータでは問題なく作動しているといった部分です。BIT列の処理で特にBITの長さを指定していないと、前の機械では1BYTE取られてしまうのが、新しい機械では1BITで結果が違ったりしました。

第1章　企業内ITを始める

使用中の機械とオペレーション方法が変わる部分もあり、テストする時にオペレーションミスが発生したりして、スムーズに進みません。まだ若かったせいもあり、何とかやり終えましたが。

企業内IT部門として

このようなことを経験すると、メーカーの作成したOSのバグやバージョンアップ等で障害の出やすい場所なども、分かるようになります。また、障害がOS（場合によりハードウエア）などで起こった時も、緊急にはアプリケーションソフトの修正で逃げたりできるようになり、後々役に立ちます。

次に、ベンダーにどこまで任せることができるでしょうか？　多分、ベンダーだったら、ソースプログラムを一本一本丹念に読んで変更する（あるいはそれに近い）のではないでしょうか。必ずしもすべてが守られているわけではない社内の標準化の状況を理解し変更をしていくことは難しいかもしれません。

また、100％の完璧性を目指してしまうものです。一応変更して、後はテストに任せるといった方式がとりにくいのです。さらに、通常の運用においての標準化の浸透をさせる、といったことがどこまでできるでしょうか？　最近は社内標準を守らせるための部門が重要視され、設置される企業が多いようですが。

標準化というのは、ソフトウエアのように同じ作業をすることがないという観点からは難しいと言えないこともありません。また、標準化することによって個性や創造性が失われるという人もいます。当然そのようなことはありません。

どちらでも良いことについて考えるのは無駄なことです。また、それによって制約が生ずるのも仕方がないでしょう。また、標準化したら、それを使わなくてはならないように仕向けるべきです。筆者はプリプロセッサを作って、使わなければならないように仕向けました。

最近のSOA（サービス指向アーキテクチャ）やEA（エンタープライズアーキテクチャ）の考え方のように、部品化して、これを使わなくてはいけないというように決めてしまうことも考えられます。最近は種々の市販パッケージもそろっていますが、どの方法をとるかは各企業で決めざるを得ません。

紙テープ打ち出しシステム——プログラムからシステムへ

勤務場所が変わってから事務計算をすることになりました。プログラムに慣れる（PL/Iでした）ために数本のプログラムを書いた後、受注や出荷の情報を紙テープに打ち出すという仕事がきました。それまでの一本のプログラムで完結していたものから複数のプログラムに関わるものでした。

依頼

まだオンライン（On Line）システムというものがなかった時代に、当社ではコンピュータ部門から遠隔地に処理結果を送るというのは、具体的にはプリントアウトした紙を郵送で送るか（専用のトラック等で送ったものです）、紙テープをコンピュータからアウトプットしてテレックス等の装置を通じて遠隔地にプリントするということをしていました。

紙テープで送る場合、いろいろな種類のアウトプットを複数の場所に送るので、個々のプログラムからは、一本の紙テープに区分けできるように間に人の目で見て分かるように、穴を開けます。

次にプログラムごと、宛先ごとに切断された紙テープを、宛先ご

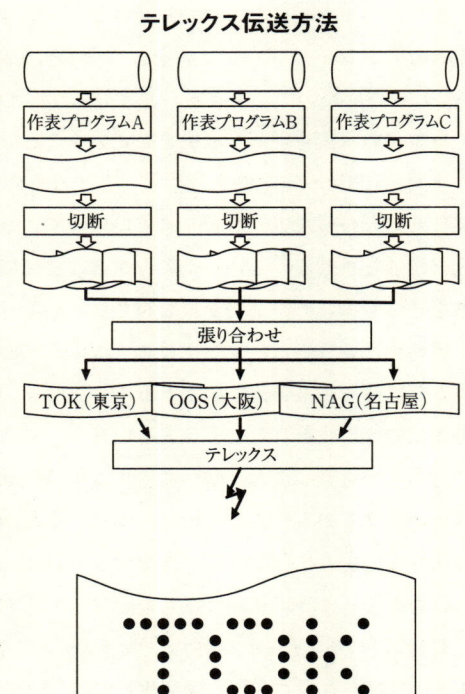

テレックス伝送方法

作表プログラムA → 切断
作表プログラムB → 切断
作表プログラムC → 切断
→ 張り合わせ
→ TOK（東京）／OOS（大阪）／NAG（名古屋）
→ テレックス

とに張り合わせます。そのようにしないと、送出時に一本一本ごとに宛先のテレックス番号を入力する処置をせざるを得ず、テレックスのオペレータの作業が大変になってしまうからです。そのように張り合わされた紙テープをテレックス等を通して、宛先ごとに送ります。

今回の依頼は新しく遠隔地へ送りたい資料が必要になったのでプログラムを書いてほしいというものでした。

システムを組む

新テレックス伝送システム

このプログラムの依頼を受けた時、何でこんなに面倒な作業をしているのだろうと思いました。また、このプログラムは結構難しそうなのです。紙テープに人間が読める形で打ち出すのがまず面倒そうです。普通のデータの紙テープのアウトプットは当然ながら、ユーティリティソフト（OS等にない機能を汎用的に助けるソフト）があります。ただ、宛先の表示のユーティリティソフトはありません。ビットデータによって指示することが必要になります。普通のプログラマはビットデータを使用すること自体がまれです。

そこで筆者が考えたのは次のようなものです。

紙テープをアウトプットするプログラムを、中間のファイルに決まった形（宛先、プログラム No. ＋連番＋印刷情報）で書き出します。次に「宛先、プログラム

No.、連番」でソート（並べ替え）して、紙テープをアウトプットするプログラムで、そのファイルから全部の紙テープをアウトプットします。

　このようにすることによって、紙テープをアウトプットする難しいプログラムを一本書けば、他の人には必要なくなります。データを作るプログラムは、今までと違って、宛先、プログラムNo.、連番等を付け加えなければなりませんが、このことは別に難しくありません。1つのアウトプットで言えば、合計の（ファイル作成と紙テープアウトプットの2本）プログラムのライン数は多くなるでしょう。紙テープ作成のプログラムは少々難しいですが、全部（その時でも十数のアウトプット）合わせれば、それまでの数分の一の作成時間になっているでしょう。

　なお、宛先表示の部分を共通のサブルーティンにするという方法も考えられます。そのようにしても今までより数十パーセントの効果はあったと思います。サブルーティンにするのはプログラムの改善ですが、新しい方式にするのはシステムの改善（改革）と言えるかもしれません。

その他の効果も大きかった

　このようにしたところ、思いもかけないことが起こりました。まず、紙テープの操作時間の短縮です。それまで、通常2～3時間、締めの日等は半日以上（工場は朝8時から始まります）かかっていた作業がほとんど0になってしまいました。0.5人分の節約となったと言えます。

　次に、FAXが出てきました。その時に、紙テープアウトプットのプログラムを、FAX用に変えました。FAX用のアウトプットプログラムは、紙テープ作成のプログラムに比べてはるかに簡単です。ほとんど30分ぐらいで作成できます（まあ、テスト等も必要ですが）。

　その上テレックスからFAXに変えると、通信料金だけで人件費数人分の削減ができ、経理の人がびっくりして話に来ました。もし各々のプログラム（簡単に遠隔地にも送れるということでもう100本近くになっていた）をFAX用にプログラムを書き換えていたらとするとゾッとします（実際には不可能だったでしょうか）。

　次に起こったのはオンラインの時代です。同じファイルを読んで画面に出すと

いう、これも簡単なプログラムを書くだけで、かなり大量に必要なオンラインプログラムが省略できました（必ずしも見た目はよくないのですが）。

新しい方法は、それまでの方法の10倍程度の生産性向上の効果があったと思います。プログラムやシステムをよく考えておくと、FAXが出るとか、オンラインになるとか、別に考えていたわけではないのですが効果があった例です。

その後、通常のアウトプットを同じ方式にしようと試みる

その後、これと同じことを、通常のアウトプットについても行おうと考えました。その頃は夜中にプリントしてそれを各宛先に配るという作業が大変だったからです。ただ、これはあまりうまくいきませんでした。

全部を変えないとあまり意味がないのですが、今まで大量にあるプログラムを変えようとしない人が多かったり、紙テープをアウトプットするプログラムよりも、通常のプログラムははるかに簡単だったことによるのでしょう。もっとも、部門の統制の問題とも言えます。

なお、最近は、このようなことに便利なシステムがたくさんできていると思います。また、インターネット等で参照できるといったツールが出ています。

システムとプログラム

今回、作成したのはプログラムかシステムかといった問題もあります。私たちの頃はあまりSEとPGを分けていませんでした。もちろん、複数のメンバーでプロジェクトをする時は全体を設計する人と、個々のプログラムを担当する人で分けざるを得ないのですが、仕事もあまり明確に分けていませんでした。

プログラムという時、もう少し範囲を広げて考えてみることです。なお、このようなシステムのポイントは、データを作るのと、アウトプットするのを別プログラムにするということです。1つにするよりもかえって単純化され、開発が容易になるものです。誰でも簡単にできるということは重要です。

第2章
プログラムからシステムへ

　この章では、最初の会社での仕事の多くを占めるシステムを担当していた時のことを主に取り上げます。私が入社してから数年たって、いろいろなプロジェクトが始まりました。それまではプログラムを中心にしていたのですが、新しいシステムの構築を中心になって実施しました。

　その十数年の間には、オンラインシステムや大規模な生産管理システムを構築しました。機器面ではオフコン、パソコン、ネットワーク等が新しく加わりました。システム開発面では、構造化等の開発方法論や、RDBなどのツールの発展がありました。また、社内の合理化などのプロジェクトにも参加するとか、システムが社内に留まらず、社外との連携が始まるなどの動きがありました。

　システム開発にはエンドユーザーの参加が重要です。SEとしてはエンドユーザーを相手にすることが多くなり、エンドユーザーとの関係を考えさせられることが多くなりました。

オンラインシステム1：コントロールプログラムを作る

いよいよオンラインの時代だということで、筆者の勤めていた会社でも全体的にシステムのオンライン化を計ろうということになりました。オンラインのメリットは言うまでもないのですが、その頃のオンラインのプログラムというのは面倒なものでした。プログラム面でもそれまでのバッチのプログラムとはかなり違いました。なお、アプリケーション連携とか、エンドユーザー操作等については、次の項で述べます。

オンラインプログラム

オンラインプログラムは画面の制御（データの入出力部分の扱い）や複数端末を相手にするための会話の制御が難しい（面倒）のです。各端末ごとに前の会話のデータを持ち、どのルーティンに流せばよいかを制御しなければなりません。ま

オンラインプログラム

```
プログラムC
 プログラムB
  プログラムA
   受信データ処理→振り分け  ← 入力データ処理 ← 端末
   （会話のどの部分か）
   ↓        ↓        ↓
   処理A-A   処理A-B   処理A-C
   ↓        ↓        ↓
   複数端末の       端末に出力処理
   中間データ処理   （画面制御）
              ログ処理 → LOGファイル
```

た、入力データの解析等を含めて、ビットデータを扱う操作が必要になります。

　また、それまではバッチプログラムですので、何か障害があっても悪いところを修正して、当該プログラムから流し直せばよいのですが、オンラインの場合、途中で障害が起こると、それまで入力していたデータが無駄になってしまうこともあり、障害が起きる前までのデータを生かすことが必要なのです。

　と言いつつも、普通のプログラムのインプットとアウトプットが画面になるだけであり、個々のワークエリアを端末ごとに設けるということだけとも思いました。

オンラインコントロールプログラム

　そこで、オンラインコントロールプログラムというものを考えました。その頃のオンラインプログラムと言えば、機械語（マシンランゲージ）やアセンブラで書くのが普通の時代でした。このシステムの趣旨はオンラインプログラムの面倒なところをオンラインコントロールプログラムに任せてしまうことです。

　例えば、

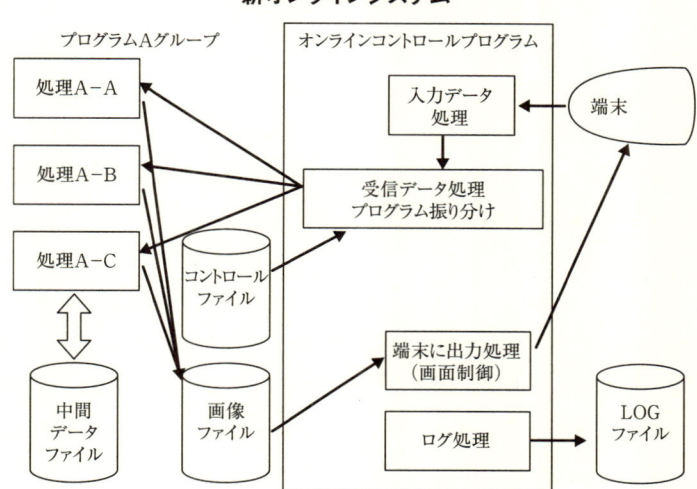

新オンラインシステム

[図：新オンラインシステムの構成図。プログラムAグループ（処理A-A、処理A-B、処理A-C）、オンラインコントロールプログラム（入力データ処理、受信データ処理・プログラム振り分け、端末に出力処理（画面制御）、ログ処理）、端末、中間データファイル、コントロールファイル、画像ファイル、LOGファイルの関係を示す図]

1）画面のアウトプット用のエリア（画面ファイル）は80×24桁のエリアを用意して、そこに書かれたものをそのままディスプレイにアウトプットする。その場合、データの入力部分はヌル（空文字列）を埋めておくことにした
2）中間データファイル（画面ファイル、Logファイルを含む）は端末名をキーとしたファイルを作成し、他のプログラムでも参照可能にした
3）端末ごとに、コントロールファイルに、エンターキーとかファンクションキーが押された時に、行くべきプログラムのコードを入れておき、プログラムの制御をした
4）Logファイルに端末からアクセスされた時間や、個々のアプリケーションを呼び出した時間や、呼び出された時間を記録した

といったことです。

効果

　これらによってかなり生産性が向上しました。それまで、特別な人か、時間をかけなければできなかったオンラインプログラムが、誰にでも書けるようになりました。オンラインプログラムを作成しているというより、それまでのバッチプログラムと同じぐらいの難しさ（易しさ）と言った方がよいかもしれません。このことにより、オンライン化が進んだと言えます。
　サブルーティン等を使って共通化することは重要です。ただ、この例のようになると、実はそのルーティンは1つの会社に1つしか必要ないのかもしれないという気もします。再利用性は重要ですが、再利用しなくてもよいような状態になるのが一番よいのだと思います。
　また、端末や、個々のプログラムからのアクセス時間を記録したものは、自分たちでも使いやすく、レスポンス時間の分析や、プログラムの使用回数、その他の問題点の解析などに非常に役に立ちました。メーカーが準備しているものはデータの使い方が難しく、メーカーのSEも、分析にはこのオンラインコントロールプログラムが吐き出すデータを元に行ったものです。

第2章　プログラムからシステムへ

問題点：IT部門として

　ただ、このようなものを作成すると、いくつか問題も生じます。外部のソフトウエア会社の人にも何度か説明するのですが、それまでの方法と異なったのでしょう、このようなことでオンラインプログラムが動くわけはないぐらいのことを言われたこともあり、理解を得難いこともありました。
　そのうちに新しい端末等の導入に併せて、いくつかこのコントロールプログラムを変える必要が出てくるのですが、引き継いだプログラマやSEがすぐには対応できないのです。
　また、その頃のOSの制限もあり、オンラインプログラム数（というより同時実行プログラム数）の制限を超えるようになった時の対応等も、引き継いだ担当は面倒そうでした。
　引き継ぎがいやなので、このようなものを作らない方がよいぐらいに言われたこともあります。また、新しいことをしたいのだが、それが簡単にはできないと不満を言われたりします。このプログラムがなくて別に開発しようとすればもっと面倒なのですが。
　新しいことと言えば、私が工場での仕事の終わり頃、カラー（といっても3色です）の端末が出てきたのですが、オンラインコントロールプログラムでの対応はせず、単にカラーのフィールドの境に制御コードを、ビットデータとして埋め込むということで対処しているようでした。
　もともとビットのデータを扱わないようにということで、進めてきたのですが、プログラマも慣れてきたこともあるのでしょう。本来は対応方法等を決め、コントロールプログラムを直すべきだとは思いました。
　プログラム数の問題などはOSの進化により問題なくなるのですが、引き継ぎのことを考えて開発する必要があるのかもしれません。というより、このプログラムによって節約されたマンパワーのうち、ほんのわずかをこのようなことのメンテナンスに充てればよいのですが、どうしても、私のいた会社ぐらいの規模では、人を充てる余裕がなくなってしまうものです。

オンラインシステム２：
運用やアプリケーション連携面の工夫

　オンラインシステムを設計する時に、システム面ではオンラインコントロールプログラムを作ると同時に重視したのは、エンドユーザーの操作面と複数プログラム間の連携面での工夫です。もちろん、エンドユーザーに聞いても、オンラインにしてどのような操作になればよいかの返事があるわけもありません。

エンドユーザー操作の標準化

　基本的に分かりやすく単純にし、ソフトの開発量も少なくするということですが、他社（一社）の例を見たり、自分で考え、必要なら新しい仕事の方法を制度化しました。例えば次のようなことを決めました。

１）ある機能を呼び出すのに２文字のキーにする

　　a）受注の入力関係は　"J（受注）" + a

　　a は "S"（整理No.：オーダーナンバーのようなものです）とか、"T"（登録No.：継続的なものは登録するというような制度も新しく作りました）

　　＊前に入れたオーダーを参照して新オーダーを入力するのは、かなり効果があったのですが、単価とか、数重量などを前回のデータを使用してしまうという問題が起こり、前の整理No.のデータの一部は使用しない（空欄にする）といった変更が発生しました。

　　b）照会関係は　"S（照会）" + a

　　a も "S"（整理NO）、R（そのオーダーの出荷履歴とか、生産履歴）を照会するというように決めました。

２）ファンクションキーを統一する

　　F1（ファンクションキーの一番）はデータの登録、F4は……

　　等、自由に使えるいくつか以外は全プログラムで共通にする。

３）次のようなファンクションキーは画面の一部に共通な場所を作り、簡単な照

会（社員名とか得意先名等）を複数のプログラムで共通に使えるようにする

例えば、F5は得意先名称、F6は担当者の名称……等。

4）基本的な画面遷移（オペレーション）も決めた

このようにすることにより、エンドユーザーの、覚えるキーの数を減らしオペレーションの簡略化を図りました。

ソフトウエアの連携面の工夫

基本的に考えたのは、画面上に表示されているようなデータをエンドユーザーに再入力させたくないということです。次には、同じような機能のプログラムを複数作りたくないということです。結果として、ソフトウエアの開発量も少なくする（共通なプログラムやオンラインコントロールプログラムに任せる部分を増やす）ためでもあります。

このようなことが可能なように、システム面では、オンラインコントロール用の中間ファイルの一部を全プログラム共通にしました。これによってデータを受け渡し、いろいろなオンラインプログラムを結び合わせるという機能を持たせました。例えば受注の入力方法は複数あるのですが、更新プログラムやチェックの

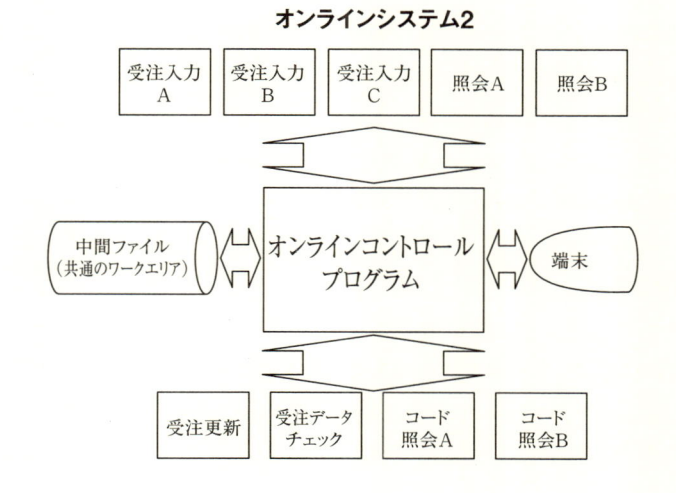

オンラインシステム2

```
[受注入力A] [受注入力B] [受注入力C] [照会A] [照会B]
                    ↕
[中間ファイル      ↔  [オンラインコントロール  ↔  [端末]
 （共通のワークエリア）]      プログラム]
                    ↕
[受注更新] [受注データチェック] [コード照会A] [コード照会B]
```

プログラムは一本でよいといったものです。これは重要な部分の間違いを少なくすることにもなります。

　得意先名称や社員の名前等の表示は共通プログラム（アウトプットの場所も２箇所に決める）にしています。部品化を進めたと言えないことはありません。

　また、受注の照会をしていて、その生産とか、在庫状況の照会へ整理No.を入れ直すことなく（スペックで照会の時はスペックを入れ直すことなく）ワークエリアを参照することによって可能にしています。キー項目を入力しなければ、画面上に表示されているデータをキーして使用するということです。

　最近、共通のバス（Bus＝コンピュータシステムでデータを交換するための経路のこと）といったことが言われますが、そのようなものだったかもしれません。現在EAI（エンタープライズアプリケーション統合）とか言われるものも技術は別にして、考え方自体は昔からあったことだと思います。

問題点

　整理No.等を再入力させないために、共通のエリアを持たせるのですが、それらが守られていないケースが出てきます。この問題は、もちろんプログラマが基本の仕様を理解していない（読んでいない、忘れた）ことによる場合が多いのですが、設計者が自分で設計していて、そのような機能が必要と（あるいは、あったら便利だ）いうことに気が付かないことにもあると思います。

　筆者が直接見ている時は、仕様を見たり、プログラムを動かせて直させたりするのですが、だんだんしなくなります。SEが合理的に考える癖を付けたり、組織的に対応する必要があったのだと思います。

社内IT部門として

　このように共通のデータを持たせる等の個々の企業に特有なことが、ベンダーでできるでしょうか？　ベンダーも将来的なシステムの拡張全部が分かっていればできるかもしれません。ただ、そのようなこと（将来のシステムが分かること）

第2章 プログラムからシステムへ

はあり得ないでしょう。だとすると、このようなことは社内のIT部門でしかできないのではないかと思います。

オンラインの続き――腱鞘炎など

オンラインにしてから困ったことは、腱鞘炎(けんしょうえん)の人が出たことです。最初はキーパンチャです。その頃、キーパンチャも、パンチカードから磁気テープやオンライン入力に変更してきました。変更した結果、自然にパンチ数が増えていたようです。その頃の女性の性格(疲れても休まない)も影響していたかもしれません。

そこで、キーパンチは外注の女性に任せることにしました。そうすると社員がしていた時よりパンチ数は多いのに、腱鞘炎の話は聞かれなくなりました。いろいろと環境の変化や、グループ員の態度や場の雰囲気等も影響していたようです。はじめは一人でも、伝染するように(腱鞘炎にならない人は仕事をしていないと思われてしまうので一所懸命やってしまうからか)、他の人に伝わったようです。

オンラインは現場での入力を狙ったわけですが、現場でも腱鞘炎になる人が出ました。私が工場にいて、営業などで問題が起きるのにはチョット困りました。パンチャの経験からも、伝染するように広まるので、「腱鞘炎になった人はすぐに外して下さい。そして適度に休みながら作業をするようにさせて下さい」と言うと、ほどなくなくなりました。

現場の人はパンチャなどに比べればはるかにパンチ数が少ないのです。パンチ数だけが原因ではないというのは重要な観点です。

そのようなことがあっても、営業の女性は自分たちで入れることにより、正確に、遅れずに登録できるので、自分で入力するという女性が多かったのはチョット感激でした。オンラインの効果として、担当者が入力するというのは単にパンチャがいらないということだけではないと思いました。

2番目の会社では、「我々はパンチャではない、だから入力はしない」という意見が出て困りました。後で述べる勘定系の件なのですが、コンピュータによる運用に不満があったメンバーがそのように言った面もあるようです。なるべく他人に押しつけようという会社の雰囲気も原因としてあった気がします。

システム基盤

　最近システム基盤という言葉を聞きました。この言葉だけでは、OSのようなものを表す感じがありますが、It pro 掲載の記事によれば
〈「システム基盤」という言葉はピンと来にくいかもしれないが、要はアプリケーションの構築からテスト、運用までを効率化する仕組みの総称である。アプリケーションでよく使われる機能を汎用化したソフトウエア部品、新たに作成するアプリケーションをメインフレーム上で動作する既存アプリケーション（レガシー・アプリケーション）と連携させるためのミドルウエア、アプリケーションのテスト環境、さらにシステム基盤を利用する開発者向けの教育体系までを含む〉
とあります。紙テープのシステムにせよ、オンラインコントロールプログラムにせよ、筆者は最初の会社の時はこのようなツールの開発を新しくシステムを作成すると同時に実施してきました。
　現在のシステムでは当然のように標準的に整備されているものが多いと思いますが、いくつか覚えている例を挙げてみます。なお筆者は事務計算をするようになってから、PL/Iを主体に使用したのですが、これらのツールを作るという面でも役に立ちました（多分 COBOL では面倒でできません）。

プリプロセッサ

　コーディング等を簡略化するためのプリプロセッサを作りました。初期には PL/I がサブセットなので必要だったこともあります。プリプロセッサは基本的にはあるコーディングを他のデータから補充するものですが、オンラインのプログラム等で一般のプログラマが覚えるのが難しいので、ソースプログラムに必ず記述しなければならないことを自動的に記述するために作成しました。
　構造化プログラムの推進等の標準化にも役に立ったと思います。簡単な、コントロールを取ってプリントアウトするぐらいは一行で指示できるといったことも分かり、プログラムの構造の理解も進んだ気がしました。

第2章　プログラムからシステムへ

JCLではなくコンソールから指示可能に

　一行という点では、昔のコンピュータは単にファイルを削除したり、コピィしたりするにも、複数枚のパンチカードを打ってJCL（ジョブコントロールランゲージ）を作成し、カードリーダーに読み込ませ実行させ、一度流せばもう廃棄とするというようなことをしばしば行っていました。これをコンソール（操作卓）から最小限のパラメタをキー入力して、コンピュータ内でJCLを作成して、実行させるというようなプログラムも作りました。少し前、多くの人がパソコン等でしている、デリートとか、コピィの命令と同じです（今はマウスですることが多いと思いますが）。

プログラムの印刷でモジュールごとの改行

　プログラムの印刷でも、適当に改行するような仕組みを作ったりもしました。プログラムリストを見やすくするには、改ページを区切りの良いところで行った方がよいからです。もっとも、モジュール化のようなことがうまく行われなくてあまり使われませんでしたが（自分だけになってしまいました）。

オフコンでのシステム開発のためのツール

　オフコンを扱った時には、オフコンは本社にありますが、キーパンチャが工場でプログラムをパンチし紙テープに打ち出し、本社のオフコンで処理するということをしていました。オフコン用の言語は簡易なアセンブリ言語なのですが、アセンブラのコーディングが間違えていると、本社で直すのが面倒です。
　そこで、紙テープにアウトプットするだけでなく、変数名のチェック他いくつかの処理をして紙テープにアウトプットして、本社で作業している人の役に立つようにしました。

55

ソートプログラムを作る

　その頃の機械は遅いということもあり、ハードディスクを使用しないでメモリィ上でソート（データを並べ替える）するサブルーティン等も作りました。それまでアセンブラで作ったものがあったのですが、よく分からない障害があったので、筆者はPL/Iでひどく簡単なものを作ったのですが、その方が処理が速いという奇妙なこともありました。

運用操作の標準化も基盤

　基盤ということでは、オンラインで作業をする時には、前に述べたように個々のプログラム（画面）を呼び出すキーのようなものとか、画面の標準化というような運用・操作の標準化を進めたのですが、これらも重要です。システム基盤と言えないこともありません。
　標準化によって、開発の自由度は失われる面がありますが、独自性を発揮する必要のないことで自由にしているために、開発に時間がかかる上に、エンドユーザーにとって操作の統一性を乱し、かえって使い難くしてしまっているということも見受けられます。もちろん何を統一するかというのは重要な検討事項です。もっとも、あまり人の意見を聞いていると進まなくなる面もあるのですが。

生産性を上げる

　生産性を上げるにはどのようにしたらよいのでしょうか。システム・プログラムにおいてはトータルでのライン数を減らすことです。もう1つ重要なのは、間違いやすいことをしないということでしょうか。間違いやすくなければテスト回数を減らせます。
　この頃に、いろいろなツールが出てきました。第4世代言語といったものです。それ自体で動くものや、普通の「第3世代言語」に変換するものなどがありまし

た。筆者がしてきたのは、ツールを作成することでした。もう少しするとRDBが出てきます（76ページのRDBの項参考）。その後は、パッケージやERPでしょうか。

　最近はIDE（統合開発環境）等が普通に使われるようになってきていると思います。テストを自動化するツール等もかなり出ています。

　実際にはOS等からの発展系で、種々のミドルウエア（OSとアプリケーションソフトの中間的な性格を持つソフトウエア）というものが出ています。これらも抜本的とは言えないまでも開発を楽にするツールであることには変わりありません。

企業内IT部門で──生産性向上と評価と組織

　IT部門のメンバーは、通常はエンドユーザーにとって使いやすく、効果があるものを、安価に開発しようと努力するのですが、同じように自分たちの仕事を楽にする方法を考えるのは自分たちのためということもあって、喜んで実施します。ただ普通、評価はアプリケーションをどれだけ開発したか、メンテナンスしたかで決まる（エンドユーザーへのサービス）ので、IT内での合理化の効果を認めて評価しないと、進まなくなることがあります。

　また、IT分野の進歩により、メンテナンスが必要になることも多く、本当は効率が上がるのに、メンテナンスをいやがる人もいます（紙テープやオンラインの項参照）。実際には、好きな人と、責任を問われたり、面倒ということで、嫌う人に分かれるようです。

　このようなことが好きな人の方がIT部門にとっては好ましいし、通常の開発の効率も上がっているように思いました。組織的に実施・サポートする部署がIT部門内に必要だと思います。これらのツール（プリプロセッサやソートプログラムなど）は会社組織において総務とか経理とか、品質管理とかの部門で、実際の製造とか販売といった業務に携わっていないところの役割と同じかもしれません。

　実際に現場の生産性を上げるのは（というほどでなくとも仕事をしやすくするの

は）このような人かもしれません。間接部門という言い方もされます。このようなツールも実際の開発とは本来別の機能として実施されるのがよいと思ったり、QCサークル活動のように現場主体の方がよいかもしれないと思ったりします。会社によっても違うのかもしれません。

　なお、思ったより技術力や創造性、それに実施する勇気が必要かもしれません。筆者の生産性の高さのかなりの部分は、そういったことがあったからこそ生じたのだとは思います。現在は種々のベンダーが提供するツールを選択し、普及させることにより、生産性を上げる機能を果たすのかもしれません。

ソフトウエア危機と構造化──システム開発技法など

　その頃（1975年頃）ソフトウエア危機ということが盛んに言われました（ソフトウエア危機という言葉自体はもっと前から言われていたようです）。今のままソフトウエアの開発量が増えるとSEやPGが足りなくなって、日本人全部がSEやPGになる必要がある、というようなことも言われました。F・P・ブルックスの『人月の神話』という本が出版されて、生産性の差が16倍もあったということも話題になりました。

　また、システムの開発手法として、構造化設計とか構造化プログラムなども盛んになりました。私たちも、誰にでも書けるようにしようとか、次項で述べる生産管理システムを開発するためにはシステム開発方法を向上させよう、ということもあって構造化に取り組みました。

　言語にも改良が加えられました。Cobolでも改良が加えられ、このまま改良していくとPL/Iになってしまう等と言われたものです。

　しかしこれらによって生産性は向上したのでしょうか。結局、それほどでもないと思います。でも現在日本人全員がプログラマになるという状況でもありません。現在はかなりの多くの人が表計算ソフト（Excelや1-2-3）を使用していますが、これらをもってプログラマの代わりになったとも言えないと思います。

構造化（プログラム・システム）に取り組む

　構造化プログラムは「（1）全体構造を明らかにしよう、（2）GOTO文をなくそう、（3）3種類の基本構造（連接［複数要素を順番に並べること］、選択［複数要素の中から条件に応じて1つの要素を選ぶこと］、反復［ある条件を満たすまで繰り返すこと］の組み合わせで構成していく）で書く」ということです。

　最初に実行したのは、構造化で象徴的な、GOTO文を使わない（**注1**）ということです。確かにGOTO文を使わないとかなりコーディングの方法は変わります。また、GOTO文を使わないということは、一般のプログラマにはコーディ

　　　　　　　TREE　　　　　　　　　　　　　　　CASE

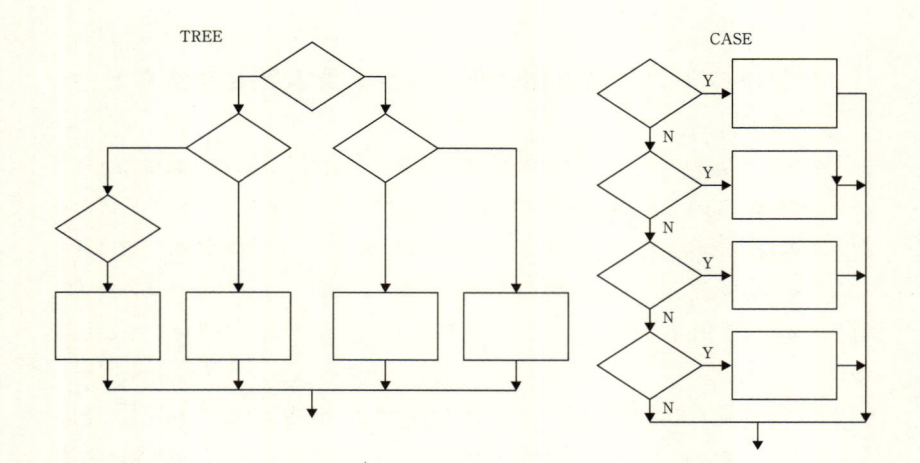

ングの問題ですので、分かりやすいのです。もう1つは全体構造を明らかにすることでしょうか。最初に全体構造を独立させて書くようにしました。

　ただ3種類の基本構造といっても、プログラムなんてものは全部そうだということになってしまうものです。もっとも、繰り返し制御の乏しいプログラム言語では記述しにくいかもしれません。

　筆者が教えたのは　コーディングの標準を作成すると同時に、例えば「分岐を（なるべく）ツリー型にしない、ケース型（**注2**）にする」とか、システムでは更新をする時よくミスをしたり、データの履歴が分からなくなったりすることが多かったので、「データの更新をしないで、データをなるべく追加によって処理するように」といったことです。

　このようなことではプログラムは書けないのではと言われそうですが、それなりにプログラムを見ていて感じていたことです。また、このようなことをプログラマに考えさせるだけでも効果があったと思います。

　これらはプログラミングの話をしているようですが、システムでも同じです。JOBの分岐の多いシステムは分かりにくいものです。また、更新をしないように設計をするというのは、当然ながらファイル設計そのものです。

注1：GOTO文を使わない

構造化プログラムでオランダ人情報工学者ダイクストラにより最初に指摘されたもの。GOTO文はプログラムの可読性を最も妨げるもの（GOTO文はプログラムのどの場所でも飛んでいけるので、自由度が高いが、全体の可読性を妨げる）なので、なくすことにより、可読性が高まります。

注2：ケース型

ツリー型は分岐が階層を持ってしまう可能性があり、全体構成がよく分からなくなる場合がありますが、ケース型は階層になることが避けられるので、可読性が良くなります。フラットな組織が良いというのと同じようなことです（前ページ図参照）。

数倍という効果はなかった

ただ、実際に数倍の効果ということはこれらによっては得られません。多分大きな効果をあげられるのは、物事を構造化して捉えることができるかどうかなのではないかと思います。別に構造化と言わなくても、良い全体構造の元で、個々のモジュールの機能の単純化をするといったことです。全体構造を明らかにするのは重要ですが、それは正しい全体構造なら、ということです。正しい全体構造を設計して、コーディングまで持っていくというのはどのようにするか、誰でもできるようにする方法は？　という問いへの答えはまだないような気がします。そしてそれができないと、大幅な改善はできない気もしました。

また、個々のモジュールを単純化（単機能化）するとステップ数が増えます。そうするとステップ数やプログラム数で計算して見積もったり費用を支払ったりすると、金額が増えてしまいます。ステップ数の減少を図ることは重要なのですが、見積もり等は注意しないといけないとも思いました。

そこで、自分がしたのは、ある新しい形のプログラムが必要な時、というより新規のシステムでは、ある程度パターン分けをして、標準的なプログラムを作成してしまうことでした。最初に自分でプログラムを作成し、それを全員に見せ、このように書け、書けばうまくいくというようにすることでした。

生産性に影響を与えると思ったのは経験かもしれません。良くない書き方でも慣れてくればかなり生産性が高くなります。もっとも、これを放っておくと大変

になるので、良い形で慣れさせることだと思いました。

この頃、いろいろなツールが出てきました。第4世代言語や簡易言語といったものです。もっとも、いろいろな簡易言語には「これが銀の銃弾だ」とか、5〜10倍生産性が上がるという製品もありました。このようなツールを使うことも標準化を進め、効果をあげられるかもしれないと思いました。

設計法

その後、正規化とかオブジェクトオリエンテッドとか、データ中心設計とかトップダウン設計とか設計法もいろいろ出ましたが、今はEAでしょうか。ただ、形式から入った方が入りやすいということもあるでしょうが、単に手法を真似るだけというのは難しいものです。

正規化等を見ていると、途中から妥協が入ります。コンピュータのレスポンスが出ない時は、少し修正した方がよい等とテキストにも書いてあります。筆者の経験では、妥協してしまうのはたいてい元の考え方が悪かった時です。妥協しそうになったら、最初の基本方針から考え直すことが必要だと思います。理論と実際が違うなどというのも同じです。自分で考えられなくなった時や説明できなくなった時に、そのようなことを言う人が多いようです。一方で、最初に言い出したことを修正するのがいやで、押し通すなどということも見られます。

もちろん、時間をどこまでかけるのか、個人の能力の範囲でもう仕方がないということもあるとは思うのですが、少し妥協するのが早すぎる気もします。

表記法（チャートやダイアグラム）

表記法がたくさん出てきたのもこの頃かもしれません。昔ながらのフローチャートからHIPOとかYAC IIとかいろいろ出てきました。現在はDFDやE-R図、UMLでしょうか。筆者が学生の時は、WF（ワークファクター）の図法とか、インダストリアルダイナミックスの図法等、新しい表記法にも興味はありました。

第 2 章　プログラムからシステムへ

　システムを設計する時は、チャートを書きながら検討し、考えをまとめていくのですが、うまくまとまったと思った時には、何か良い表記になっている気はします。逆に言えば、スマートな形で書けている（見た目が良い）時は良い設計になっているようです。もっとも、たまに、形だけ良くて中身が伴っていない時もあるものですが。結局、何を伝えるかという中身が伴っていないとうまくいかない気がします。

　なお、書き方の統一をすることは標準化をするという意味では効果があったとは思います。当然ながら、独創性ということや、自分で考えるということは重要です。また、誰でも（多くの人が）書けて読めてというのを実現するのはなかなか難しい気がします。ただ、一般ユーザーに示す時は一般ユーザーが分かるチャートでなければなりません。逆にIT の専門家はどのようなものでも読めなければとも思います。

大規模生産管理システム――エンドユーザーの参加

　いくつかのプロジェクトを実施して、会社としても実力がついたと思ったのでしょうか、やや大規模な生産管理システムに取り組むことになりました。その時の生産性については前に述べていますが、この時はエンドユーザーがプロジェクトに深く（一部プログラムまで）関わったこともあり、エンドユーザーとIT部門の関わりについて考えさせられました。

開発体制や表記法

　このプロジェクトは大きく2つのグループに分けて進められました。筆者のグループ（Aグループとします）が製造上の上流工程（受注―工程設計―原料加工指示―［原料加工］―原料加工実績報告）のシステムを扱い、もう1つのグループ（Bグループとします）が製造上の下流工程（加工作業指示―［加工作業］―加工作業実績報告）のシステムを扱います。Bグループのリーダーには現場から優秀な人をIT部門に移籍させて当たらせました。

　今回は大規模なシステム（巨大システムとは違います。予定ではせいぜい14、15人で1～2年でしょうか）ということで、両方のグループに現場の人間とIT部門の人間を充てました。ベンダーから人も派遣してもらいました。人数比で言えば社内IT部門が半分、現場と外部からの派遣は各々1/4ずつでしょうか。技術面は筆者がある程度見るという役割にしました。

　表記法としてはHIPO（Hierarchy plus Input Process Output：構造化を図る観点からインプットとアウトプットとプロセスに分け、階層化して記述）を使用しました。これはその頃よく使用し始めており、エンドユーザーでも書けるのではないかということで選びました。

第2章　プログラムからシステムへ

基本設計段階

　このプロジェクトが始まって少ししてから、全体を見ている上司（プロジェクトリーダー）から、Bグループで基本的なところがまとまったから、筆者に見てくれと言われ、一応チェックしました。主点は作業指示にあり、その設計は現場で作業を監督する人（優秀で熱心な男です）がしています。彼の実務は現場で工程担当（工程課）からの作業の指示を見て、作業現場に仕事をさせる役目です。
　彼は毎日の作業で、もう少し作業の指示がうまくできれば現場の効率も上がるので、自分がそのシステムを設計することにより、もっとよくなると思っていたのでしょう。特に同じようなことができる機械が複数台あり、ある機械の負荷が満杯の時には、設計時指示された機械から他の機械に負荷を移すのですが、その時の工程課からの指示に不満があったものと思われます。
　内容はというと、フローチャートが書かれているのですが、筆者もロジックの詳細は見極めきれないのですが、結果が出ないということがあるような気がしました。BグループのIT部門からのメンバーは、エンドユーザー（現場の人）の言うことで、私たちはあまり関係ないという感じです。見てもよく分からないし、もっと言えば何か言ってうまくいかなければ責任が来るので言いたくないという感じでもあります。
　筆者は「結果が出ないことがあるようだからもう少し考え直したらいいのではないか。また、システム面ではそのロジック部分のプログラムが独立して動くように単純に指示して、負荷オーバーしたら人間が手で変更できるようにしておく方がよい。どのような時でも直接変更できるようにする必要がある」とは言ったのですが、グループも違うことですし、本人の意向もあることだからと全体のリーダーとBグループのリーダーの意向もあり、そのまま進められました。
　まとめた現場の人は、システム（プログラム）を分けることによって（作業負荷に人為的な意見が入ることによって）、理想的なシステムではなくなってしまうのでしたくない、という意見のようでした。

詳細設計から開発段階

　このシステムを開発している時に、OS の関係で DAM（ダイレクトアクセスメソッド：プリミティブなデータのアクセス方法）を使用せざるを得ないことになりました。ほとんど ISAM とシーケンシャルファイルしか使用していなかったメンバーにとってはよく分からないことのようでした。そこで筆者に方法を聞いてきました。また B グループの開発には遅れも見られていたので、数ヶ月筆者に手伝ってくれということで、手伝うことになりました。

　何らかのキーでデータを書いたり読んだりできればよいのですが、その時感じたのは、メンバーがファイルの操作が分かっていないということ。というより、索引を使って、必要なページに飛ぶというような基本的なことに結びついていないということです。本の索引と本文との関係や、住所と実際の場所と同じような関係だと筆者は思っているし、筆者も実際に設計するのは初めてだったのですが。

　上司は方針について、ベンダーからの派遣メンバーにこれでよいのだろうか等と聞いていました。聞いて参考にするのはよいのですが、自分の責任を転嫁する感じです。ベンダーの人間も、御社がそういった方針でするのに別に問題はない（口を差し挟むまでもない）という態度でした。

結果

　結果的に B グループはかなりの遅れと使用しない部分ができてしまい、かなりの期間の延長を数度行いました。エンドユーザーも自分でプログラムを修正するようになってしまいました。A グループも問題がないわけではないのですが、B グループを中心に、この開発での問題点や考慮点を挙げてみます。

問題点や考慮点 1：エンドユーザーと SE と PG の話し合い不足

　まずエンドユーザーが考えたロジックに対して、皆で意見を言い合うということがなかったのが原因かもしれません。自分が言わなければ、言った人の責任に

第2章　プログラムからシステムへ

なると思ったのでしょう。特に最初の時点（基本設計時点）では徹底的な議論が必要です。チーム内にシステムの基本的な認識を統一させることにもなります。

　Bグループのリーダーも熱心に、部下の意向を生かそうとしていたのですが、作業現場と同じようにいかないのがITかもしれません。もっとも、基本的な部分は個人がまとめるというのは必ずしも悪いことではないと思いますが。

　皆で意見を言い合うことより先に、エンドユーザーがシステム設計をしてしまったことにも問題がある気がします。エンドユーザーが方法（この場合は負荷方法）を考えるのはよいのですが、システムとしてどのようにするかは別の問題だと思います。SEとプログラマの仕事の分担がなされておらず、IT部門のメンバーも自分がプログラマという認識しかなかった気もします。

　なお、ベンダーから来たメンバーもあまり役に立ちませんでした。この人たちもシステム設計者なのですが、その面での役割の考慮が少なかったのでしょう。

問題点や考慮点２：最適化や自動化の認識

　この件は、自動化のようですが、最適化問題、それも単純解がないものと言えます。最適化については次の項で述べますが、最適解がないものの、最適化については、手動で可能にするといったシステム面での考慮と、場合によっては開発スケジュールも別にしておいた方がよいのかもしれません。

　また、機械の負荷オーバーという異常に対する処理とも言えます。単なる自動化と、異常処理に対する対処と、最適化ということも分けて考えた方がよいと思います。異常を減らすにはどのようにするかという対応をしていたら、またシステムが変わったかもしれません。

問題点や考慮点３：システム面や表記法

　表記法のHIPO自体は悪くはないのですが、見ていると、単に文章で書いたのと同じような気がしました。他に方法がなかったとも言えるのですが、チョット難しいという感じです。やはりシステム設計者（ITの専門家）が書かねば（逆に言えばエンドユーザーに教育の徹底をしなければ）とも思いました。前に述べた、システムを組む時の役割分担の認識が甘かったことによるのでしょう。

初期の最適化や自動化問題

　生産管理の作業指示で、これも最適化問題の1つだということを記しました。シミュレーションや最適化問題に取り組んだのは、もう30年以上も前になります。職場が少し変わってからも、多くはありませんが、いくつか取り組みました。ある事業のシミュレーションも含めて、筆者の能力の範囲内で最適化問題を取り上げた（失敗の）経験についていくつか述べます。

　なお、次の会社ではAI（人工知能）で解くために、専門のコンサルタントによりシステムを作成しました。その場合については後で述べます。

(例1) 原料の配合比の計算

　原料の配合問題がありました。非鉄金属の原料の投入段階では、スクラップ（リサイクル品と言いました）を通常の原料に混ぜて入れます。原料もメインとなる原料以外に、種々の材料を混ぜます。この時の配合割合を計算するものです。

　配合割合の計算は、線形計画法によって比較的簡単に解けます。この時はPL/Iで実行することもあって線形計画法のプログラムをサブルーティン化しました。ただ、いざ実施すると結果が思わしくありません。原因を調べてみると、スクラップのデータ精度の問題が大きかったのです。

　このようにすればよいはずだと計算しても、スクラップ置き場に見当たらなかったり、スクラップの区分けが悪く、他の成分のスクラップが混じっていたりで、意味のない計算になってしまいました。それらも考慮に入れた計算をしようかとも考えたのですが、それ以上深入りをしても仕方がなく思い、中止しました。

(例2) 自動生産指示

　見込み生産の製品がいくつかあるのですが、それの生産は当該製品の在庫の状況と（在庫は少なくなる）、機械の負荷（機械の負荷が空いているかどうか）をみながら生産します。それなら在庫がなくなって機械の負荷の少ない時に自動的に製造指示をすることができるし、指示忘れもなくなるのではないかと考え、システ

ムを作成しました。

しかし、在庫が少ないのでコンピュータから自動発注しても在庫があったとか、実際の在庫があるのに発注してしまうことが起きました。また、機械の負荷予想のデータが正しくないこともあり、結局、断念しました。

（例3）自動翻訳

自動翻訳のシステムというのが、この頃我々の手の届く価格で出てきました。一度、取り扱う部門の人間に試させたのですが、出てきた結果を見て、彼はこんなもの使えないという意見でした。コンピュータができた時から、自動翻訳は比較的早い時期にできるようになると言われたものですが、翻訳ソフトでは単語を登録したり、実際の作業の時に文章を分けたり、主語や述語を入れたりする必要が、当時は現在よりあったということでしょう。

基本的な問題

いくつかの例を見ていると、最適化や自動化ということ以外の問題があるようです。それは普通のシステムを作成している時でも基本的な問題として考慮すべきことと言えます。

（1）データの正確性の問題に注意

データの問題は注意すべきです。30数年前だと仕方がない面もありますが、その会社の質を表している面もあります。システムのロジックが正しくてもデータが正しくなければ役に立ちません。現在はIT化を進めるのに、何が何でもデータを正しくということは浸透しているとは思いますが。

（2）関連部署全体のプロジェクトとして進める

次に、関連部署全体のプロジェクトとして進めなかったことにも原因がある気がします。ここで述べた例は、どちらかと言えばIT部門主導で仕掛けています。筆者もある程度できる（能力がある）と思っていたこともあるのですが、結局、

現場の窓口になる人と少数で行ったのであって、関係者全体で実施するということにはなりませんでした。

　自動化等に限らず、関連部門全体で進めるという体制や意識で実施しないとうまくいかないということかもしれません。挑戦的な試みということやプロトタイプということでもあったので、これらの件はあまり問題にはならなかったのですが、良い経験になりました。

（3）システムを育てる
　システムは育てていく必要があるということです。データの精度や、人の慣れや、リテラシーの浸透やソフトの進歩によって、変わってきてよいと思います。
　自社作成のソフトについては、システムが育つうちにシステムを変えるので、変えるごとに手数がかかるという場合もあるのですが、出来合いのソフト（パッケージソフト）と比較すれば育てやすいかもしれません。

自動化・最適化の内容に注意

　自動化という名の下におかしなことが行われることがよくあります。生産管理の問題のようなものから、単に計算をしている経理のような部署でも、その時の数字を見ながら、他の判断をしていることも多いものです。
　特に最適化のような問題については、エンドユーザーにとっては簡単に見えることでも、SEには難しいことも多いものです。また、エンドユーザーが正しく説明できていない場合も多いのです。エンドユーザーが理論付けて話しているようでも、よく分かっていなかったり、IT部門に基本の深いところまで分かるメンバーをそろえるのが難しい場合もあります。

企業内IT部門として

　IT側ではこれらの問題にどのように対処したらよいでしょうか。まずIT側でかなり本質的な部分に入り込むような提案をすることの可否の問題があります。

第2章　プログラムからシステムへ

筆者の件では、筆者の大学時代の専門もあり提案ができたとも言えます。このようなことに対応できるようにIT部門の能力を高めるかどうかは個々の企業の体制とも関係すると思います。これらは他の部門（科学的管理法等を扱う部門とか？）ですべきだという意見もあるでしょう。IT部門はそれらについても扱うべきだという意見もあるかもしれません。

　ではベンダーではどうでしょうか。ベンダーも多分通常のシステム部門ではなく専門のコンサル部門の担当ということになるでしょう。エンドユーザー部門にとっては解決が図れればよいのでコンサル部門に頼むべきだと言うべきなのかもしれません。もともと外部のコンサル部門に頼めばかなりの費用を負担する必要があるでしょう（多分システム開発費以上かかるでしょう）。

　システム設計面では、自動化のロジック部分とそれ以外の部分を分けておくとか、エンドユーザーの勘のようなものとか、デバッグ時に中間結果を出せるようにしておくというのは、前に述べた通りです。

IT部門による問題の理解

　IT部門はその内容を理解して、自分でできるか、できないならコンサルタント等が必要か、という判断ができることがまず第1に求められるのだと思います。ただそれ以前に、その内容を理解することが難しいこともあります。問題を定義できれば、自分でできるかどうかも分かるのでしょう。

　なお、筆者自身は、線形計画法などについても別に詳しいわけではありません。シンプレックス法等のプログラムは、別のプログラムを写すだけです。ただ、どのような条件を与えれば解が出るのかということは理解しています。それは、問題を定義できればよいということにも通じます。

　システム部門としてはその程度でよいのではないかと思っています。問題の定義までは実施し、個々の専門的な部分は専門家に任せた方がよいことも多いとも思います。

システム開発の研究会から1：メンテナンス（保守）を考える

その頃（1979年頃）、コンピュータベンダーがユーザーを集めて研究会を始めました。筆者にも参加の依頼（指示）がありました。自分の興味もありテーマの提案もして、「システム開発の方法論」の分科会に参加しました。その研究会でソフトウエア開発をメンテナンスの観点から考えてみようという提案がありました。筆者はそれまで（今でもあまり！）メンテナンスについて考えたことがなかったのですが、この研究会がメンテナンスについて考えるきっかけになりました。

会議のテーマを選ぶ

最初の会議で、ある一人のユニークなメンバーが筆者に最初に言った言葉は、「システムの開発って難しいですね、なかなか予定通りにいきません、そちらはいかがですか」でした。そう聞かれて、いくつか遅れたものはあるなとも思いつつ、筆者は「それほど遅れることはありません」とは答えたのですが、その人は不思議そうな顔をしていました。

そのメンバーがもう1つ言ったのは、メンテナンスが重要ではないか、開発をメンテナンスの面から考えてみたい、ということでした。開発をするのにメンテナンスを考えるなんてと思いながら、それも重要なことという他のメンバーの意見もあり、筆者たちの研究会は、開発グループとメンテナンスグループに分かれて検討をすることになりました。

筆者の状況：メンテナンスはほとんど考えていない

筆者自身はほとんど開発を手がけており、開発が終わるとそのまましばらくの間メンテナンスを担当し、エンドユーザーから変更依頼があると、自分で対処方法を決めるということで、他のメンバーがメンテナンスを実施することはあまり考えていませんでした。メンテナンスにもそれほど手間をかけてはいなかったと

第 2 章　プログラムからシステムへ

思います。内容を熟知していたからかもしれないし、メンテナンスしやすいシステムだったからかもしれません。

　もっとも、急に他のシステムの担当が変わる（辞める）から、そのシステムを見てくれと言われたこともあります。その頃はドキュメントを整理する習慣もなく、必死でプログラムリストを追ったものです。

　これらは社内体制の不備でもあります。最近メンテナンス・サポートにIT部門の負荷が取られているという問題点と、コンピュータシステムの運用への力点（ITIL等）が充てられています。IT部門の仕事の7割から8割がメンテナンスに充てられ新しいことができていないという指摘です。今考えると、前述の最初の会議で会ったユニークなメンバーの言ったことは先見の明があったと思います。私の会社より大きいし、進んでいたし、経験も多かったので、そのような中での真実の声だったのでしょう。

メンテナンスの発生

　メンテナンスが発生するのはどのような時でしょうか。開発直後には最初に開発したもののバグ（不具合）が発生した場合です。次は要望が追加される場合でしょう。アウトプットリストや照会画面の追加が多いかもしれません。少し後になると、仕事の方法の内容が変わったり、変えたいのでシステムを変えるという場合もあるでしょう。

　もう1つの理由はITの進歩かもしれません。機器が変わった、進歩した、旧ハードが使えなくなった、などという場合もあります。ソフトウエアが進歩して新しいことができるようになった、GUIやインターネットが一般的になり、見栄えの良いものができるようになり、アクセスが容易になった。PC等安価なハードが発達したのでコスト削減をしたい等というものです。ソフトウエアがパッチワークのようになってしまったので、メンテナンスに時間もかかるようになり、全部作り変えるということも行われます。

　ただ、ITの技術進歩やソフト・ハードが古くなっただけでソフト・ハードを換えていくのはよくないと思います。新しい技術が出てきたので、新しい仕事の

73

方法に変えよう、ということで開発をするべきでしょう。IT部門主導でやるには注意しなければなりません。

開発のようにメンテナンスをし、メンテナンスのように開発をする

　全体のインフラを変えようというのはメンテナンスと言えないかもしれません。メンテナンスと新規開発の境目はあいまいなものです。「メンテナンスのように開発をし、開発のようにメンテナンスをしたら」というのが筆者の考えです。
　メンテナンスをする時も、基本に戻り、新しいこと、改善を考えるということです。ただ単に修正をする、オペレーションをするということではいけないと思います。また新規開発する時も、それが通常の作業という意識で仕事をしていくことだと思います。

メンテナンスを考慮したシステム設計

　さて、メンテナンスを考慮しながら設計することについてはどうでしょう。開発をする時に、このようにすればソフトウエアのメンテナンスの手間が減るということはあるのでしょうか。
　エンドユーザーに、「どのような変更の可能性があると思いますか」とは聞きます。でもその時の対応はエンドユーザーにより様々です。多くの答えは「そのようなことは分からない」です。また、「会社の方針と関係があるので、社長にでも聞いてくれ」等と言われることもあります。「いろいろな方向があるがはっきりしたことは言えない」等とも言われます。
　この問題は難しい。SEの能力にもよるでしょう。考えられる機能を開発して、パラメタによりプログラムの動きを制御するようにすれば、開発工数は増えます。また、一生使用されない機能があったりもするでしょう。もっとも、そのことによりプログラム変更の回数が何回か減ればもとが取れるとも言えます。
　開発時に考慮しても、メンテナンスする人が違うと、そのような対応がされて

いることに気がつかないことも多いものです。パッケージソフトでは多数の企業に対応することもあり、このような作りがされることも多いようです。

ただ、特定の企業においてはいかがでしょうか。筆者は、「雲をつかむような話でもよいから、過去にあったこととか、今後どうなるかとか、担当者や管理者が望んでいることを知りたい」と頼んだり、自分でもこのような仕事の方法にしたらよいのだろうと考えながら、システムをどのように作り込むか考えていました。最近言われる TO-BE を考える等も同じようなことかもしれません。

このようにすることにより、システムの検討が進み、内容が良くなると思います。この理由はシステムが抽象化されることにより、機能がはっきりし、ソフトの設計が単純になり、その時必要なことを開発し、後から追加しやすくなるシステムになると思うのです。システム構造を考えるということかもしれません。結局、個々の機能に分けて、追加や入れ替えが可能なような、EA や SOA 的な発想が必要なのでしょう。個人的には、いろいろな意味で良いシステムならメンテナンス性も自然に良くなっていると思います。

社内ITとして開発時の考慮

エンドユーザーの言うことを聞いてそのまま作っていてはこのような解決にはなりません。また、ベンダー任せでも難しいでしょう。ベンダーは今回のシステムに入れるかどうかしか考えません（あるいはそれを主に考えます）。社内IT部門の価値もこのようなことへの対処にあるのかもしれません。

最近の SE はアプリケーションを新規に開発することが難しいような気がします。そのためには、早くメンテナンス状況に移行するのがよいかもしれません。基本的な部分を優秀な人に早く作成させてしまうとか、ERP やパッケージソフトを使用して開発してしまうとかです。

なお、システムを開発する時に、運用（オペレーションやメンテナンス・サポート）をどのようにするか、人の負荷をどのくらい見込むか等は考慮しておかなければなりません。

システム開発の研究会から２：RDBや新しいツール

　研究会も１年たって終わりに近づいた頃（最後の会合だったかもしれません）、前述の会議で会ったメンバーが、あるDBMS（データベースマネージメントシステム：種々の方法でファイル［データ］へのアクセスを容易にするソフトウエア）を導入することにした、と言いました。彼のメンテナンスに手間がかかる、開発が予定通りにいかないということに対する対策の結論だったのでしょう。RDB（リレーショナルデータベース：データの結合や抽出を容易にするソフト）が出てくる少し前の話です。このソフトはRDBではないというのが開発メーカー等の見解ですが、そのことは別にして、この項ではRDBや開発ツール等に対する感想を。

開発、メンテナンスの手間はファイルに関するものが多い

　先ほどのメンバーに詳しく聞いたわけではないのでよく分かりませんが、筆者のいろいろな経験等から考えると、彼は開発遅れやメンテナンスの問題の原因の多くがファイル（設計・構造・アクセス）にあると思ったのでしょう。このことは正しいと思います。

　何らかのシステムの変更がある場合に負荷がかかるのは、ファイルの構造やファイルの内容を変えなければならない場合が多いものです。ファイルに関係ないシステムの変更は、大きいと言っても、個々のプログラムの中に留まるので、楽なのです。

　ファイルを変える時は、ある特定ファイルに関連するアプリケーション（システム）を一時的に全部止めなければなりません。新しく作るプログラムや変更するプログラムが１本でも、ファイルのアクセス方法を変えたり、データをチョット変更するだけでも、関連するプログラムを全部止めなければならないことも多いのです。

　メンテナンス作業がそれらに多くの時間を取られているのもうなずけないことはありません。データの変更作業が伴う場合も多く、プログラム変更より手数が

かかることも多いものです。

筆者のRDBやCASEツールに関する経験から

　筆者もこのソフトを導入しようとしたのです。データを中心にシステムを考えればうまくいきそうな感じもしていました。ある特定データのアクセス方法に関するサブルーティン等を作り、それを拡張していく方法でシステムができるのではないかという気もしていたのです。DOD（データオリエンテッドデザイン：データ中心のシステム設計）などの考え方が出てきたのはもう少し後であった気がします。

　その頃RDBが出始めたのですが、コンピュータメーカーのSEから、筆者が今までしてきたことはRDBの考え方と似ていると言われたことがあります。本来はツール（ソフト）がなくてもよくて、考え方が重要なのだと思います。その上にソフトを入れれば便利になる（開発が簡単になる）ということです。

　この時は、筆者の上司の反対で導入はできませんでした。これはソフトウエアの価格としては、筆者のいた会社ぐらいのところにとってはかなり高価だったこともあるのですが、ソフトにお金を払わない悪い癖があったこともあります。

　逆に、最初の会社の終わり頃ですが、生産管理システムでDAMを使って慣れたのか、その必要のないところでも使いたいと言われて困ったものです。慣れてくると細かいこともできるし、使うのもそれほど手間がかからなくなるものです。ただ、ファイルに対しては単に読み書きだけでなく、再編成やバックアップ等も必要だし、システムが拡張していく（他の人が使用する）ことを忘れがちです。

　個人的にはCASEツール（ソフトウエアの開発を支援するために利用するソフトウエア）や4GL（第4世代言語、COBOL、PL/I、Fortranなどの第3世代言語［コンパイラ言語］の次の言語というくらいの意味）、RDB等を使ってみたかったこともあって、2番目の会社では使いました。

　勘定系の開発の時、メーカーのSEからは、それまで使っていたファイルをRDBに換えるとデータ量が10倍になると脅かされたものです。それほどにはなりませんでしたが、チョットビクッとしました。

その勘定系開発の時の問題は、RDBの使い方など、SEがよく分かっていない気がしました。「このシステムではどのように実際のアクセスが起こるのか」とか、「何が便利なのか」と聞かれても、何を言っているのだという感じです。他のソフトを使ったこともなく、RDBを使うことが当たり前になっていると仕方がないのかもしれません。ただ、オリジナルの言語を使うより、かえってCASEツールを使用した方がRDBをうまく使えるのではないかとも思ったものです。CASEツールの開発者の方が、通常のSEよりそのようなことに詳しいのでしょう。

　情報系のシステムを開発する時には、前にそのシステムを開発していた会社が、「一部のデータベースはRDBだとうまくいきません」と言っていたこともあり、興味深かったのですが、別に問題なく稼動しました。この時は、当初はデータベース設計の専門家が入って設計したり、プロトタイプを作って検討しましたが、そうすることが必要な場合もあるとも思います。

RDBやツールは魔法ではない

　最初の会社でRDBの教育を受けたり、ソフトウエアベンダーの担当者と話して達した結論は、RDBは開発やメンテナンスのツールということでした。RDBを使うと、チョットした作業で一見簡単に新しいアクセス方法が可能になります。結局開発を楽にし、コーディングを楽に（簡単に）し、結果として生産性を上げるものと言えると思います。

　何かRDB等は魔法のようにも見えます。F・P・ブルックスの「銀の銃弾はない」という論文が出てから、これが銀の銃弾だと言っているCASEツールの広告を見たことがあります。ただ、魔法ではなくて手品かもしれないと思うことはあります。手品は種があるのです。RDBとはいえ魔法ではないのです。ディスクがあって、それを読み書きしていることに変わりありません。

　なお、この研究会では、他社のいろいろな開発に関する工夫とか、新しいツールとかを話し合ったのですが、その中に、種々のアウトプットがパラメタを与えるだけでできるというものがありました。その頃はその会社で作成したものだっ

第2章　プログラムからシステムへ

たのですが、いつかはそのような作り方をするのもよいとも思ったものです。手品のようなもので、その種を作っていたのかもしれません。

RDBやツールによるソフトウエア開発

RDBを使った時と使わない時では、システムの形が変わるのでしょうか。少なくとも上流工程は否です。ただ、AI（人工知能）を使ったシステムを開発する時には、US（アメリカ）等では、大容量で早い（高価な）ハードを使って、シミュレーションを繰り返すという設計をするということでした。ロジックを考えアクセス数を少なくするより、お金をかけて大量のディスクを使った方がトータルでは安価になるということでしょうか。このようなこともあると思います。

データとアプリケーションの独立性も重要な概念なのですが、初期の設計段階では、データからもアプリケーションからも考えることが必要ではないでしょうか。多方面から考えることは重要です。

最近RDBが使われ、安易にアクセス数や論理ファイルが増えている気がします。RDB等を使用することによって、SEの能力が落ちたかもしれないとも感じるのです。表面上簡単に見えても、実施するとうまくいかないことも多いようです。オートフォーカスのカメラができたからと言って、良い写真が増えたのではないのと同じようなものかもしれません。

RDBの使い方を知らないというより、SEがコンピュータの振る舞いに無頓着になってしまった気がします。ファイルのアクセスにおいて当然考えられることが分かっていないのです。RDBを使おうが使うまいが、筆者にすればコンピュータの振る舞いは同じなのではないかということです。

コーディング等の一部を自動化してくれますが、その振る舞いを理解していないと、おかしな動きになってしまうことがあるようです。新しいツール等はその動きを見えなくしてしまいます。ブラックボックスでそのことについては考えないようにするので便利というのも重要な概念ですが、少々問題ありです。

最終判断は企業内のIT部門なのです。IT部門がSEの力、システムの内容、ツールやソフトの機能等を考えて使用方法を決めることでしょう。

PCによる経理システムの開発：新しい問題が

　最初の会社では長い間、コンピュータは工場にあり、コンピュータ部門も工場にあったのですが、本社でも本格的に取り組むということで、本社に IT 部門を作りました。筆者は東京本社に異動し、本社・営業関係のサポートをすると同時に経理システムの構築に取りかかりました。

　経理システムということでは、筆者が新規案件を担当するようになってからでも、インテリジェントターミナル（**注**）を使って現場でデータを入力しホストコンピュータで処理するシステムや、本社ではオフコン（**注**）を使ったシステム等も開発していました。今回は PC で開発することにしました。

　ただ、PC により開発をしたり、エンドユーザーとの関係を深めたりしていくと、それまであまり考えていなかったことが問題になりました。システム上では開発環境や使用言語の問題であり、エンドユーザーはチェックなどのことが抜けやすい、といったことです。メインフレーム中心の開発より IT やシステムについて考えるようになったのかもしれません。

注：インテリジェントターミナル（Intelligent Terminal）、オフコン

　どちらも小型のコンピュータです。インテリジェントターミナルは現場でクリーンデータ（正しいデータ）を作って、ホストへ送るという発想の機器です。自分自身では、いくつか開発しました。上司はキーパンチャを減らすことが主目的だったかもしれません。オフコンは小型のメインフレーム（汎用機）と言えます。

その頃の状況や我が社の経理システム

　経理システムというのは、コンピュータを導入する企業は最初に取り組む場合が多いようですが、筆者の（最初に入った）会社では、なかなか進みませんでした。経理の人は自分が会社の中心であり独自の専門性を有しているという意識が強いし、機密性を有する部門でもあるからでしょう。そこで「自分でデータの操作を

し、IT 部門の人間にもあまり見せたくない」という意識も高いのでしょう。筆者としては新しい機械の使用や、分散処理の真似事をする良い機会にもなりました。

その頃、ある会社で経理を3人で運用しているという話題がありました。また、経理のシステムは他部門からの発生データを処理するだけだから、必要ないという意見もありました。経理で発生するデータは、お金のやり取りや調整用のものだけという考え方です。現場で入力して、それを直接経理伝票とすればよいのです。もっともそう言って経理の人に気分を悪くされたこともありましたが。

基本の進め方

ユーザー側と検討しながら、ハードはその頃新しくなった PC を使うことにしました。プリンタの能力に問題があるかなという気はしましたが、PC の能力も上がっているし何とかいけそうだと踏んだし、新しいことに挑戦したいという考えもありました。もちろんコストはかなり安価になります。LAN については、少し時期尚早かなと思い、データの移動（集中）は当面フロッピィディスクですることにしました。

効果についてはこの時点では省力化しかない（本来、いろいろあるのですが）ということで、経理部門に協力してもらい、システム導入前に人を減らしてしまいました。一時的には個々の担当にとっては負荷が増えますが、それをシステムの導入によって減らすようにすれば、経理部門もがんばるだろうということで、導入前から人を減らして一応の成果はあげました。

チームを組んだエンドユーザーの代表が同期入社だったこともあり、かなり討論しました。基本のところから考えるということで、経理の原則とか、取引の原則とは、といったことも考えてもらいました。もちろん、筆者も経理システムについて基本に戻って考えました。「経理の担当者は勘定科目ごとに別になっているが、実際の作業はあまり変わらない」と思いましたが、個々の担当者は自分の担当する勘定科目の難しさ、特別さを強調します。その結果、経理のシステムを面倒にしている気がしました。

筆者は、勘定科目別ということでは共通のシステムにするが、実際の入出力は

現場の担当に合わせて作ってもできるなと感じました。エンドユーザーの代表はそんなことをしたら、システムの規模が大変だと言って心配してくれたのですが、個人的には、共通部分を作成して、必要に応じて入力方法のようなものを作ればよいという気がしました。

なお、実際に難しいのは消し込みの処理だという話になったのですが、当社では検討した結果、一部でよいことにしました。ただ、次の会社では重要でした。

会計士や税理士との関係

エンドユーザー側も、あまり経理の基本的なことは分かっていないし、毎日の作業を回すことに頭が一杯で、少し難しくなると会計士に聞くという感じです。責任の所在を別にしておくということもあったのでしょう。筆者が新しい方法を提案すると、会計士に聞くのですが、経理の担当者がおかしいと思っても、会計士から筆者の方法で正しい、特に問題ないと言われることが多かったものです。

筆者としては、悪さをしなければ特に問題ないだろうということで提案しているだけなのです。経理担当者が他（会計士）に聞くのは必ずしも悪いことではないのですが、何が正しいかというのは、自分で考えて、その上で確認のために聞くぐらいにしないといけないのではないか、と思いました。そのぐらいにしないと、最終的に理解の程度が落ちる原因になるかもしれません。現に、運用に移ってから、筆者に経理のことを教えてもらったと言っていた経理部員もいました。

エンドユーザーに分かりにくいこと

システムを設計する時に、筆者が考えているのとは違う反応をエンドユーザーが見せるのは、データのチェックでした。エンドユーザーはデータを入力する時、間違いを起こすことは考えられない、間違いを防ぐチェックとか、間違えた時の対処方法は分からないし、考えるのは面倒だ等と言い出すのです。

データのチェックとか障害の対応はエンドユーザーにとっては分かりにくいことかもしれません。経理の人は反対の仕訳で伝票を切ればそれで済むのだなどと

言う人がいます。そのこと自体は間違いではないのですが、安易に訂正伝票を切る人もみられる気がしました。2番目の会社では経理の部門長から「手間をかけなければ修正できないようにして下さい」と言われたものです。

　エンドユーザーの言った通りに作ろうとすると、「エンドユーザーが間違いを犯すことは考えられない」と思っているのでチェックが必要ないと思い、その結果チェック等が抜けることがあります。IT部門側で困るのは、チェックが抜けてシステム的に困る状況になることです。例えば同じキーのものを二重に登録できて修正ができなくなるとか、数字の入るべきところに文字が入ってしまう等ということです。最低限、後でシステム的に問題が起きないようにチェックしておくことや、修正できるようにしておくことは、たとえエンドユーザーから何も言われなくても、IT側の問題だと思います。

テスト等の時間がかかってしまう——開発環境にも注意

　システムはそれなりにできたのですが、いくつか問題が発生したのも事実です。開発している時の問題は、PCで開発していると、メインフレームでテストしているのに比べて結果が出るまでにかなり時間がかかることです。テストしている間に何かしていろと言っても待ってしまうPG等が多いという問題もありますが、開発環境等にも注意を払わなければいけないと反省もしました。

ソフトウエア（言語）の継続性の問題

　もう1つは、ソフトウエアの継続性に関する問題です。その時使ったソフトウエア（簡易言語）はよくできていたと思います。ただ、そのソフトはその後あまり使わなくなりました。使われなくなると全部変更しなければなりません。
　筆者は通常言語等ではあまり新しいものは使わないのですが、この際は仕方なかった面もあります。言語による差がないわけではありませんが、生産性等の影響の多くは設計方法や、慣れによるので、継続性を考えると、新しいものを使用する時は注意が必要です。

コンサルタントを使う——IT化と照らし合わせて

　この頃（1987年頃）、全社的業務削減運動とか、中期経営計画等のプロジェクトに参加しました。ITプロジェクトが一段落していたこともあるのですが、その運動やプロジェクトがITと関係があるだろうということが社内でも理解できてきたのかもしれません。その時にコンサルタントに依頼したのですが、結果的に社内的な評価は芳しいものではありませんでした。ただ、これらのプロジェクトは、プロジェクトという点ではITプロジェクトとしても、参考になりました。

全社業務削減運動

　全社業務削減運動は基本的に、仕事の内容を詳細に示し、不必要なものや過度なものを止める、業務の削減をした後で人を減らし、新しい事業にその人を振り向けるというものでした。コンサルタントの会社が決まってから、事務局にということで筆者にお鉢が回ってきました。業務削減とか合理化にはコンピュータも関係するからということも理由の1つだったのでしょう。もっとも筆者は最初話を聞いた時に、これは私の会社に合わないなと思ったのですが、その発言が事務局内に漏れてしまい、チョットまずい雰囲気になったりもしました。

　まず本社から始め、その後工場でも進めるということでした。社員を10人前後ずつのグループに分け、管理職（課長程度）をリーダーにして1つの単位とし、毎週、コンサルタントが全グループのリーダーを集めて方法を説明し、実行した後はグループのリーダーを5～6人集めて、コンサルタントがその結果を聞いて種々の評価をしていくということを繰り返しました。

　ただ、本社で実施している間に考え方などの点で社内からいろいろな不満が出てきました。原因として、自分自身の仕事に問題がある（削減の余地がある）ことは認めたくないという風潮もあった気がします。自分自身の仕事は立派にしていると思いたいのは当然とも言えます。うまくいかない原因の持って行き場がなくて、終わりに近くなると、「コンサルタントが悪い」「コンサルタントを使うこ

と自体が誤りだ」ということになってしまったようです。

　それでも仕事のチェックは一応終わったのですが、人の削減というステージになった時に、うまく削減できません。人一人分の削減にならないので削減できないとか、他の部門が先に業務内容を変えてくれなければ私の部は減らせないとか、他の部の人員減が決まったら私の部も減らすとか言ってなかなか減りませんでした。結果的にはほとんど効果はなかった気がします。

　本社での運動はコンサルタントに任せたのですが、工場で実施した時は、問題を指摘する人も多く、コンサルタントが前面に出るのは問題だが全社で実施しないと不公平になるということで、筆者がコンサルタントと同じことをしました。工場はあまり問題を起こしませんでした。筆者が担当したからかもしれません。というより、工場のメンバーの方が素直ということだったと思います。

　また、実際の人員の削減についてはうるさく言わなかったせいもあるでしょう。QCサークル等の経験もあったことがよかったのかもしれません。新しい分析方法と受け取られ、仕事の内容がよく分かったと言うリーダーもいました。

中期経営計画

　中期経営計画のきっかけは、経営計画担当の部長が「経営計画はいつもは3年だが、5年程度のやや長期のものにしたい。今回は、若い人の意見を参考にしたいので、若い（課長ぐらいですが）人と討論をしながら進めていきたい。ついては経営計画作成作業についてコンサルタントを使いたい」と言い出したことでした。

　部長は結構まじめに勉強をしているようでした。ただ、進むにしたがっていろいろな不満が上層部から出てきました。「前にコンサルタントを使って失敗したのに、また使うとは何事だ」というような意見もありました。若い人の意見を聞いて、自分たちの意見を聞かないことに不満が出たのかもしれません。経営計画担当の部長も若い人の意見を聞くといっても、何となく若い人から聞いたことにして、自分のしたいようにするのではないか、という気もしました。

　基本的な方針としては、川下化といって加工度の高いもの・付加価値の高いも

のに進もうということですが、会社内には昔から重厚長大を目指す雰囲気もあって、なかなか進まなかった気もします。

　もっとも、計画がほとんどできてから、製品開発担当の本部長が、「この売り上げの増分を全部私の本部でしろと言われても無理だ。どのように考えているのだ」と筆者に質問してきて困ったこともありました。「売り上げ増のうち、現在のものの増分がこれだけ、改良したものがこれだけ、新規がこれだけです」と話すと分かったと言っていましたが、上層部にそのくらいの説明もしていないのか、社内に浸透していないのだな、という気がしました。

　私の大学での卒論のテーマは意思決定論なのですが、それは「計画することは何をするか決めることで、予測することではない」という意見に触発されたから書いたのです。今回の中期経営計画の時ももう少し具体的な実施事項を――例えば組織変更をしたり（新製品を重視するなら、新製品担当部門を拡充するなど）、大型の設備投資については計画に組み込むというようなことを入れたら等――伝えても、なかなか受け入れてもらえませんでした。

　コンサルタントも計画時に何をするかまで決めることの大事さはある程度分かっているのでしょうが、部長の方針と言われると最後まで主張することはありません。

コンサルタント任せはいけない

　当然ながらコンサルタントを使うこと自体が誤りということはないでしょう。ただ、コンサルタントに任せて、その通りにすればよいと考えるのでは駄目でしょう。形式的に「コンサルタントの先生がおっしゃるので従います」ぐらいは言うかもしれませんが。コンサルタントも「コンサルタントに任せれば大丈夫です」等と言いがちです。そのくせ、「責任は御社にあります」等と言いますが。

　今回の例などは、会社の中でコンサルタントの選択に当たった人々が、業務削減の運動をしたかったら、「合理化とは何か」、その中で「業務削減とは何か」「当社の合理化は業務削減がよいのか、それとも機能の強化がよいか、それとも……」などということを考えて、ベンダーにRFP（Request for Proposal：提案依

頼書）を出し、提案をもらうくらいのことをしないといけないと思います。

「そのようなことができるなら、自分ですればよい」という意見もありますが、他人に言ってもらった方がよく聞く人も多いし、自分でするにはうまく進められないことや、見落としなどもあるものです。IT も同じようなものです。

ベンダーに開発依頼をするにしても、社内のことが分かっている人で、どのようにしたらよいかが分かるぐらいでないと、実際にはうまくいかないものです。自分でできる範囲を相手に伝え、方法を聞くなどでよいと思うのですが。

今回の件では、どのコンサルタントを使えばよいかということを相談するための「コンサルタント」が必要だったということでしょう。IT でも、RFP 作成までのコンサルタント（必要なら）と実際に開発するベンダーは分けた方がよいとも思います。次の会社は外資系ということもあり、いろいろとコンサルタントを使いました。自社にない専門性を外部から得るということはもちろん悪くありません。ただ、何となく上層部に取り入っているという感じのコンサルタントも多いものですが。

社内周知と会社の風土が重要

会社の雰囲気というか、体質・風土も重要です。「このようなことは一過性だから表面上は合わせて」とか、「人が変わればまた変わるから」などと言う人が多いのも問題です。そのためには IT 化等も同じなのですが、全員を同じ方向に向かせるにはどのようにするかが重要です。基本的には、単にまじめに仕事をするということかもしれません。

そのためには、その時の目的は何かなどその内容を知らしめ、理解を得ることに力を注ぐ必要があったのでしょう。キックオフミーティング（プロジェクトの開始を宣言するための集まり）や決定の大会等も開くのですが、何となく開くこと自体が目的になってしまって、皆の意識をそこに集中させ、決まったら守ろうという意識になるまでいかなかった気がします。

OA化──エンドユーザーコンピューティングの波

筆者がPCで経理システムを開発している頃（1986年ぐらい）OA化ということが盛んに言われました。××のシステムをエンドユーザーが開発した等ということがたくさん紹介されました。

筆者はその5～6年前から、エンドユーザーによる開発が進むのではないかと思っており、メーカーの座談会などでもそのように発言をしたことがあります。VisiCalc（最初の表計算ソフト）等の話も聞いていたし、自分自身のしてきたことはそれほど専門性がある気もしなかったのです。

ただ、この頃は生産管理システムのこともあり、エンドユーザーによるシステム開発は難しいのではないかと思うようになっていました。

PCによるコンピューティング

自分自身の感覚では、PCを使うという点では、最初に1976年ぐらいにPCが出てきた頃が第1期、第2世代のPC（9450とか、5550、N5200）が出てきた1986～87年からが第2期、1996～97年の一人一台のPC導入（Internetや携帯を含む）の第3期に分けられる気がします。ほぼ10年後の現在（2006～07年）はユビキタス（一人一台から何にでも、どこにでも）の時代ということでしょうか。

第1期は、いわば8 Bitの時代で、まだ表計算ソフトもなくBASICでプログラムを書こうと思ったものです。ただ、個々のPCの能力が低く、BASICの難しさもあって、趣味の世界に留まっていた気がします。BASICをエンドユーザーに教えたり、使い方の研究はしましたが、やはりコンピュータについてある程度詳しい人が使いました。

第2期は16Bitの時代で、機械の能力も上がり、かなりの処理が可能となりました。PCによる言語や表計算ソフトも充実してきたことにもよります。第3期（32Bitの時代）になって一人一台の時代になり、InternetやMailソフトが一般的になって、真にPCの時代になった気がします。PCの能力の違いがCPUのBit

第 2 章　プログラムからシステムへ

単位、期間も 10 年ごとになっているのは興味深いです。

　第 4 期（64Bit の時代か）はこれからですが、一人一台から何にでも、どこにでもという時代（ユビキタス時代）になってきており、大きな変化が予想されます。IC タグ等ユビキタス時代の CPU は Bit の問題で語れないし、この第 4 期はそれまでの 3 期分以上の（またはまとめた）変化という気がします。

　本当はこれからが第 2 期なのかもしれません。今までの変化は想像できる範囲でもありましたが、ユビキタス（& Web2.0 & クラウド……）時代はまだ見えない部分も多い気がします。

第 1 期：BASIC による開発

　PC（まだマイコンとか言っていた？）が出るにしたがって、1980 年頃からエンドユーザーによる開発が言われ始めました。筆者の会社でも PC を数台購入し BASIC を教えたりしました。筆者は BASIC の教育にはタッチしましたが、それ以上は携わっていません。私の上司はエンドユーザーが勝手に開発してくれれば、IT 部門としては責任もなく、楽になると考えたようです。我が社でも数台エンドユーザー部門に導入しましたが、あまり成果をあげたようには思いません。

　数年して、本社に移る頃には、世間ではエンドユーザーによる開発がもてはやされましたが、自分自身ではエンドユーザーによる開発は少し難しいなという気がしてきました。それは前に述べた生産管理システムの失敗や、研究会でメンテナンスの問題に目覚めたからかもしれません。エンドユーザーが開発する時に、全社の共通部分をどのようにするのだろうかという疑問も出てきたのです。共通な社員のコードや得意先、外注先といったものでさえ、その登録を共通に処理しないと問題を起こすということです。

　それに、プログラム言語（BASIC をエンドユーザーに教えるといったこともよくされたものです）が扱える人が現場に継続しているということでさえ難しいでしょう。基本的にシステム設計や開発ということが素人の仕事ではうまくいかないという気がしてきたのです。

　その頃、エンドユーザーが開発したものの多くは（多分）IT 部門によって作り

89

直されているのではないでしょうか。

第2期：表計算ソフトなどが発達して

筆者が、PC の現場への導入を図っている頃（教育はワープロと表計算）、ある部署から相談を受けました。TOP に会社の売り上げなどを報告しているのだが、コンピュータから出てくるデータに調整を加えたり、その時々で TOP から要求される形式も異なったりすることもあるので表計算ソフトで何とかしたい、といったことです。

方法を聞くと、各営業部署別、品目別に集計し、その合計から全社の計を作成しているとのこと。筆者は、パソコンの表計算ソフトでも同じようなことができるが、全部の個別のデータのファイル（シート）を作っておいて、各部門の表も、全社の表も、そこからアウトプットする方がよいかもしれないと言っておいたら、1〜2ヶ月してから、できたと言って見せに来たのですが、後者の方法でした。

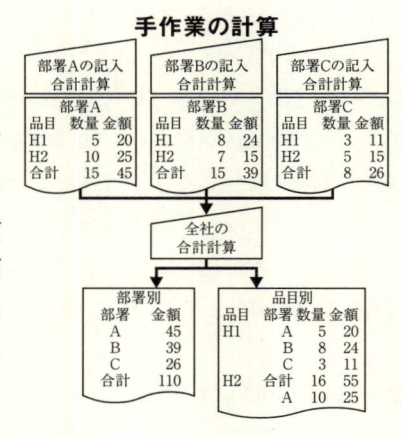

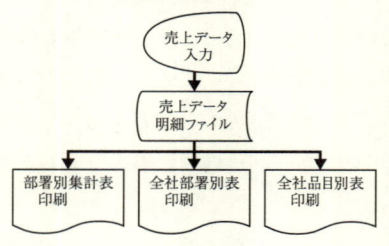

表計算ソフトやワープロソフトはかなり使用されたように思います。メールや Internet が一般的になるのは次の第3期からですが、第3期は会社が変わってからですので、次の章で。

技術計算

技術計算関係は、昔からエンジニアが自分でプログラムを作成することがありました。IT 部門では分からないことが多かったり、Fortran で作成することが

技術者の必須であった面もあります。筆者もいくつか手伝ったことがあります。例えばかなり専門的な製品設計をして、それをプロッターで線を引くということに対し、プロッターに印刷（線を引く）する時に、漢字が出ないと言うので、その部分だけは筆者が作成するといったことです。

また、単純な直線に当てはめるような計算があるのですが、今のように関数などがそろっていなかったこともあり、表計算ソフトでどのようにするかということに関して答えたこともあります。だいぶ前に技術系の新入社員に直線を求める方法を例題として出したり、昔技術計算をしている時に、数値計算法の勉強をしていたのが役立った面もあります。

社内IT部門として

筆者の会社には、「エンドユーザーが開発してくれれば、IT部門に責任がないのでOA化を進めたい」等と発言していた人もいたのですが、そのようなことは論外です。まず、IT部門が相談に乗り、「ホストでIT部門がしたら？」とか、「エンドユーザーがしたら？」とか、時期や費用も考えて提案をすることが第1でしょう。そのような提案能力を付けた上で、IT部門ですべきか、ユーザー部門ですべきかということを判断すればよいのです。そのようにして、教育とも考え合わせて事例を積み、企業にあった分担を決めていくべきでしょう。

本当は、「データとアプリケーションを分離して考えろ」とか、「技術計算ロジックとアウトプットのロジックを分離せよ」と教えたいのですが、ITの専門家に教えるのも難しいので、簡単にはいかないでしょう。

ただ、エンドユーザーがIT部門に依頼するほどのないことも多いものです。最近は表計算ソフトやBIツールがたくさんできています（このことについては後で少し述べます）。ただ、その場合でもIT部門とエンドユーザー部門が協力しないとできないと思います。それらが使えるように準備するのがIT部門の重要な仕事になるかもしれません。

企業間連携のいろいろ

　OA化により社内のエンドユーザーがITに参加したとともに、この頃は外に向かって社外との連携を結び始める時期でもありました。あまり多くはないのですがいくつかの経験を述べてみます。

　筆者が本社に来る少し前から（1985年ぐらい）、企業間でのデータのやり取りが話題になってきました。合理化の進んだ形が、部門のシステムから全社のシステムへ、全社のシステムから関係企業へ、というのは自然な流れです。メリットは基本的にデータの入力が軽減されることでした。ただ、この入力が軽減されるというのは、正確性と迅速性が増すことになります。

　最近は、関係企業間の情報共有ということで、CRM（Customer Relationship Management：顧客との関係を良好に保つための経営管理およびITシステム）やSCM（Supply Chain Management：原料調達から販売までの流れ［サプライチェーン］を全体的に最適化しようとする経営管理およびITシステム）へつながっているのだと思います。もっとも、間違えて入力すると、他の会社のシステムにも影響を与えることにもなりますので注意が必要です。

日用品EDI——データは結構難しい

　当社の一部で扱っている日用品に関し、EDI（Electronic Data Interchange：企業間で取引情報を電子的に交換すること）の会社から参加しないかという誘いがありました。

　説明を聞き一見したところ、要求されるフォーマットでデータを作成するのは自社のデータとの関連からも、すぐには難しい感じがしました。業界で共通にするのは思ったより大変なことだと思いました。ただ、何か新しい世界が開かれる気もして、専用の入力端末を入れて対応しました。その会社とは、筆者の2番目の会社で業界のEDIの会社を立ち上げることになりました。

第2章　プログラムからシステムへ

商社とテープでデータのやり取りをする──基本的な役割を認識

　東京に来てから、当社の総代理店の商社と、請求データ、入金データのテープでのやり取りを検討したことがありました。その頃はEDIに関しては世間でも重要視されてきたこともあり、最終的には代理店までデータをつなげようという案も考え、代理店のメンバーを集めて説明しました。
　基本的には当社の売り上げデータを商社に渡し、入金状況を商社で入力すればよいのですが、なかなかうまくいきません。その原因はデータと、自社と商社のあり方の問題のような気がしました。当社は出荷したものを売り上げに計上するのですが、得意先としては入荷して検収しないと、買掛金の対象になりません。その上に、不明な売掛金がだいぶ残っていたようです。
　商社からは一度それらの不明なデータを特別な処理をして解消してもよいとも言われたのですが、当社としても、総代理店としての商社に不満があったとか、とりあえず出荷したことにする（売り上げ計上→売り上げを増やす）ようなデータがあったことで、代理店側にも不信があったことが影響していた気がします。データの正確性とか、基本的な役割の認識が不十分だったように思います。

銀行と入出金データのやり取りをする──情報共有に効果

　次は、銀行とのデータのやり取りが始まりました。メインバンクが同じ企業グループに属していたこともあり、銀行がシステムを作るとほぼ同時に参加しました。経理システムからフロッピィにデータを作り、パソコンから銀行に送るということにしました。まだまだそのようなことが始まったばかりで、いろいろ問題も起こしました。回線なども、専用線のようなものを引くのですが、違う会社間で引くので一苦労です。
　単純にパソコンに渡すデータにしても、その時使った開発言語などの問題もあり、ソフトのマニュアル通りにすると、データの桁数がオーバーします。面倒なので一桁減らして書き込んだりしました。

もちろん、金額の確認資料を FAX で送ったりするのですが、慣れない間は、うまく届かないということも起きました。社内のシステム間でも同じことが言えるのですが、他のシステムとのやり取りというのはなかなか難しいものです。もっとも、経理の人には、入出金状況（残高）が分かるということで喜ばれました。現預金の残高が分かるといった、情報共有の効果は大きいのだと思いました。

　次の会社でも同じこと（同じ銀行でした）をしたのですが、もう世間でも一般的になり、システム的には問題はありませんでした。ただ、エンドユーザーがシステム自体に慣れておらず、システムの導入やチェック確認等の運用の問題の方が大きかったように思います。

JANコード──時代を認識しなければ

　土曜日に出勤して端末やネットワーク関係の大きな変更をしようと計画している時に、日用品部門の担当となっている部下から、「日用品の業界で新しい方法を考えていて、コンピュータと関係がありそうなのでその業界の会合に出てほしいという依頼があるが、どうしたらよいだろうか」という相談を受けました。資料を見たのですが、何か重要な感じがしました。土曜の仕事は私とチーフの２人でするから出席しなさいと言ったのですが、チーフはチョット不満そうでした。

　その話は JAN コードのことで、聞きに行った本人は大変な変革になるという印象を持ったようです。その後はシステム対応にもだいぶかかったのですが、何とか世間並みには対応できました。

　このような時に必要なのは、それが重要なことだという認識をいかに持つかです。別に対応しなくても、数年はたいしたことはないかもしれません。また、JAN コードへの対応は一般的にはそれほど難しいことではありません。

　しいて言えば当社で面倒だったのは、JAN コードに対応するコード（桁数も同じ）がありましたが、数が足りなくなりアルファベットを使うようになっていたのです。その時以降、アルファベットの使用を禁止し、使われてしまったコードをすべて数字に変換しました。

　もしも、これが遅れて、多くのアルファベットを使用することになっていたら

第2章　プログラムからシステムへ

と考えるとゾッとします。もっとも、その後、社内で使うコードはアルファベットを使用し、JAN コードは数字でも OK という方法を示しておいたのですが、筆者が会社にいる間には実施されませんでした。将来をみて実施というのはなかなか難しいものです。

企業間のデータのやり取り——文字コードなどにも認識を

　2 番目の会社では、同業で EDI の会社を立ち上げるプロジェクトに参加しました。筆者が参加した時は、方式などはほぼ固まっており、システムも完成していました。情報子会社を持つ企業もあり、どの SI 会社にするかということの調整の方が面倒でした。

　ただ、当初は IT 部門が参加しておらず、少し細かいところが分からなくて困ったこともありました。また、最近の SE がコンピュータの文字コード体系などに疎いのは少々問題だと思いました。データのチェックや確認等がうまくできないのです。また、ユーティリティやアプリケーションが提供されるのですが、社内システムとの連携が難しいのです。XML のようなものが発達しないと、アプリケーションの作成が難しいかもしれません。

社内IT部門として

　社外のデータとつなげるとなると、データの正確性はもちろんですが、どこまで自社で責任を持つかも問題になります。間違えた場合の対応などがより重要になります。それらを含め自社の役割の再認識が必要になります。

　社内の IT 部門も、時代を認識し、種々の情報にアンテナを張っておくことにより、機会を逃さないようにしなければなりません。同時に、IT の基本的なことを理解しておく必要が出ます。文字コードのことはもとより、他のシステムのことも理解を深めないと相手の会社とも（自社内とも）コミュニケーションがとれなくなります。

エンドユーザーとの関わり方──顧客に製造方法を聞くな

　最初の会社での仕事も終わりに近づきました。今まで何回か開発例を述べてきました。いつでも、エンドユーザーから実情や要望や意見を聞くことは重要です。ただ、今の SE はシステムの構成・設計の内部までエンドユーザーに聞こうとしている気がします。製造会社にたとえれば、顧客から製品の仕様を聞くだけならよいのですが、製造方法まで聞いているようなものです。

OA化の例でのシステム設計

　前項の OA 化第 2 期の例（90 ページ）を SE にさせると、部署別の表を作って、それから全社の分を作るというようなことがあります。
　なぜ全社の個別データから集計するようにしないのかと聞くと、「エンドユーザーに聞いたので」というような答えが返ってきます。「そのようにしないと正しいかどうか分からない。今実行している方法と同じなら安心」という答えです。

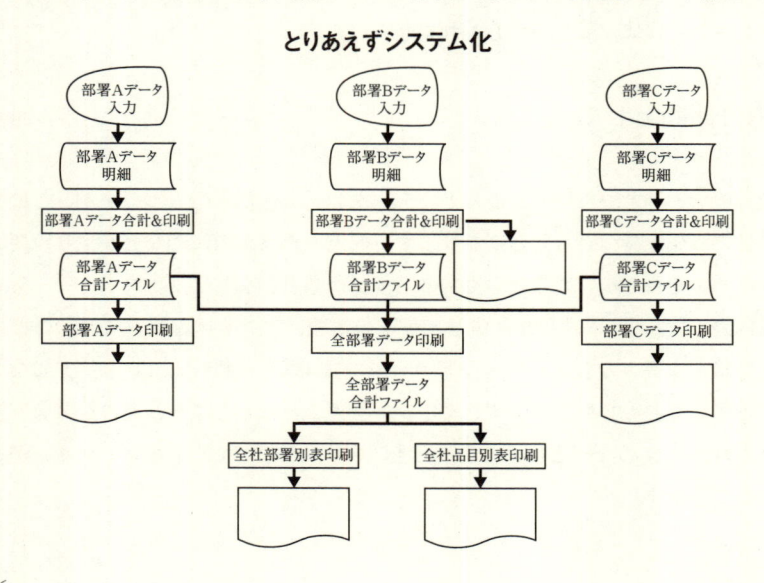

とりあえずシステム化

```
部署Aデータ入力      部署Bデータ入力      部署Cデータ入力
    ↓                   ↓                   ↓
部署Aデータ明細      部署Bデータ明細      部署Cデータ明細
    ↓                   ↓                   ↓
部署Aデータ合計&印刷  部署Bデータ合計&印刷  部署Cデータ合計&印刷
    ↓                   ↓                   ↓
部署Aデータ合計ファイル 部署Bデータ合計ファイル 部署Cデータ合計ファイル
    ↓                   ↓                   ↓
部署Aデータ印刷      全部署データ印刷      部署Cデータ印刷
                        ↓
                    全部署データ合計ファイル
                        ↓
              全社部署別表印刷   全社品目別表印刷
```

第 2 章 プログラムからシステムへ

エンドユーザーが製造方法の設計や生産をしてしまう

　この件はエンドユーザーがシステムを設計してしまう例です。ただ、実際の例のように、IT 側からそれなりの提案をすれば、エンドユーザーでもできるという例でもあります。右図のように設計するのが当たり前と言えます。これは生産管理システムにおいて見られたように、エンドユーザーの言っている情報の加工方法でシステムの設計をしてしまう SE が多いということです。エンドユーザーはお客様なのですが、お客様に製造方法を聞いているようなものです。

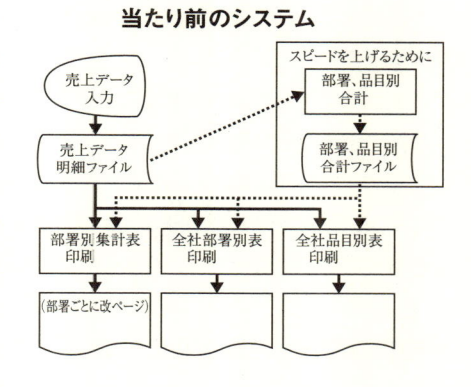

当たり前のシステム

（売上データ入力 → 売上データ明細ファイル → 部署別集計表印刷（部署ごとに改ページ）、全社部署別表印刷、全社品目別表印刷）

スピードを上げるために：部署、品目別合計 → 部署、品目別合計ファイル

　なお、このような経験から、エンドユーザーが扱いやすいデータベースを作ろうとか、この話の数年後から出てくる大福帳的ファイル（大福帳的データベースとも。発生データをあまり加工せずに、そのまま複数の関連データと一緒に蓄積すること）等へつながるように、経験を生かすこともできます。

　経理システムなどでも、経理というのは試算表を作って、そこから B/S（貸借対照表）や P/L（損益計算書）を出すとエンドユーザーに言われると、そのようにシステムを作成してしまうということがあります。明細のデータを 1 つのデータベースに入れて、そこから B/S や P/L（や試算表）を直接出すという発想が出てこないことがあります。もともと試算表自体も手作業の時は、全データから一度に出そうとすると、間違えたり、時間がかかったり、ミスの対応上難しくなるので、試算表を作成したのではないでしょうか。

　エンドユーザーの意見を聞くことがより進むと、経理で一度締めてから伝票に追加があったりすると、手作業の場合には試算表や B/S、P/L といったようなものも二重線を引いて修正するのですが、これをこのままコンピュータ上でもやっ

たりします。そして実際の作業では個々の伝票と合計が合わないということが生じたりします（前回との差を表示するという点では、異なる形のシステムになります）。

工場にいる時はQCサークルが盛んで、分散をコンピュータで求めるプログラムを作って下さいというような依頼がありました。筆者がITの担当に分散の計算方法はこのようにすると教えても、現場が手で計算する方法と数字が合わないと言われると、ITの担当者は説明できず、QC7つ道具などで教える、層別して分散を求める方法と同じことをコンピュータ上で開発してしまいます。

QCサークルのメンバーも最初に分散の基本的なことを教えてもらってはいるのですが、後々は忘れてしまっています。結果的に開発の手間は数倍かけて、かなり精度の悪い計算（もっとも根本的な影響は少ないのですが）をしてしまいます。

社内IT部門としての筆者の設計：共通部分と周辺部分を見極める

エンドユーザーの今の作業（要望等も含め）を聞くだけでもシステムはできます。でもエンドユーザーの言うことは通常表面的なものです。自分のオペレーションを説明していると考えた方がよい場合が多いものです。エンドユーザーに聞くだけで開発すると、表面的にはその会社に合ったものができるのですが、全体の統一がとれているとは言い難く、仕事の変更などによるメンテナンスの場合、負荷が大きくなってしまいます。

エンドユーザーに聞かずに作成できれば好ましいのですが、それも不可能です。エンドユーザーの言う通りに開発する方法と、何も聞かない方法との間の方法がありそうです。そこで、筆者の取り組み方法を述べてみます。

筆者がシステムを設計する時は、エンドユーザーから実情や要望を聴取しますが、同時に書籍等も読みます。経理のシステムを開発する時は、経理の本を、工程管理のシステムを開発する時は、工程管理の本を読む、という具合です。同時にそれらに関するシステムについて書いた書籍も参考にします。

対象の周辺まで手を広げることも多かったものです。工程管理をする時は生産管理や販売管理等にも手を伸ばします。その時代の状況も読む必要があります。経理も会計から管理会計や企業のリスク管理（ALMなんていうのもありました）

第2章 プログラムからシステムへ

等にも手を広げます。生産管理をする時には、MRP（資材所要量計画）等についても予備知識を得たものです。そのようなことは（当社だけかもしれませんが）現場の人でもあまり分かっていないものです。今だったら、SCM や CRM 等も IT としてではなく、予備知識として理解している必要があると思います。

　そのような書籍を参考にすると、自社の仕事との差が感じられます。ただその差は何かということが分かるようにならないと、その仕事が本当に分かったことにはならないでしょう。そのような基本を理解しておくことが、システムを開発するのに役に立ちます。分厚い専門書を読むというより、内容的には新書程度で、理解を深めておくということだとは思いますが。

　感覚的には、書籍などで読んだ範囲で 80％程度作って、その会社・部門に合った部分は 20％ぐらいでよいのではないかと思います。その部分は、仕事の流れというより、その会社に合ったアウトプットぐらいだという気はします。

　もっとも、基本部分とそうでない部分の見極めが難しいとも言えるのですが、自分で考えることとその経験を積むことが重要だと思います。ジェネリックモデルやリファレンスモデルというようなものがもっとできてくるとよいと思うし、パッケージや ERP というものも、そのような使い方をするべきなのでしょう。

　コンピュータ用語に、コンパイラとトランスレータとインタープリタという言葉があります。外国語を扱うのと同じような意味です。翻訳・意訳・直訳といったことかもしれません。IT 部門の役割は、エンドユーザーの思いをシステムで可能にするということですが、単なる直訳では本当の意味は伝わらない気がします。エンドユーザーの言わない部分や、基本的なこともつかんで、システムを設計することが重要なのだと思います。翻訳とは言えないまでも、意訳ぐらいはできるようにしたい、というのが筆者の思いです。

望ましいシステム

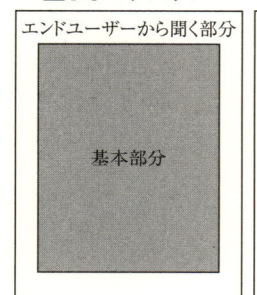

エンドユーザーから聞く部分

基本部分

普通のシステム

エンドユーザーから聞く部分

基本部分

プログラミングやシステム設計について

　次の会社ではプログラムを見ることもなくなってしまったので、最初の会社に触れた最後の部分で、プログラマやSEとして仕事をしていく上で、書き残したことや、その2つの仕事で共通することを、システム開発のフェイズごとに、20～30年たって今思うことを主体にして、記してみたいと思います。

プロジェクト体制：エンドユーザーのキーマンをプロジェクトに参加させる

　システムに限りませんが、キーマンをプロジェクトに参加させるのは重要です。企業内の仕事をよく理解し、経験も豊富で、エンドユーザーからも慕われているような人が探せばいるものです。システム開発の時にそのような人が窓口になると、教育や、課内（部内）周知徹底などでも役に立ってくれます。そのような人がいない時はいろいろとうまく進まないものです。
　そのような人は意外にも、コンピュータ化にも熱心だったりしました。経験の長い人は経験が生かせなくなるのでコンピュータ化に反対する人が多いという意見もありますが、筆者の経験ではそのようなことはありませんでした。それよりむしろ、コンピュータ化を望んでいた気もします。無駄に手作業だったりして、今の仕事の方法の問題点を感じており、それを直して、改良したいとも感じていたのでしょう。

プロジェクト推進：方針・目的を徹底させる

　途中からプロジェクトに参加したことがありました。自分に仕事が回ってくるのは、いろいろ検討してその一部が回ってくるのですが、その時に問題だと思ったのは、××のシステムを頼むとか、××の事務局をやってくれとか言われるだけのことが多かったことです。そのくせスケジュールと予算だけは決まっていた

りします。

　最初からプロジェクトに参加していれば、そのようなことも分かるし、自分で理解できるかもしれません。また、後からチームに入れるのなら、実施が決まるまでにいろいろ検討したと思うのですが、目的とか経過を変える理由等を話してもらわないと普通の人はチョットやる気が出ないでしょう。

　我が社の場合、変更のための作業にどのくらいかかるか、問題は何か等の検討が不十分な面があったのかもしれません。確かに自分はプログラムを書けばよいのだから他のことは知る必要がないと言われることもあるのですが、方針とか、至った理由などを教えておいてもらえれば、その時のプロジェクトだけでなく、基本的な方法等は共通することが多いし、考え方も同じであることが多いので、将来他のプロジェクトに関わったり、自分が上司になった時にも役に立つと言えます。

基本設計：例を知る、例から学ぶ。特にチャート

　ただ単にユーザーから聞くだけでなく、対象に関する書籍を読んで参考にしたらどうかと提案しましたが、その中でも筆者にとって役に立ったのは、システム設計の図面・チャートです。書籍もいろいろ読んでいくと、種々の方法があることが分かります。

　筆者の文章の読解力の問題もあるとは思いますが、チャートは役に立ちました。それらを参考に、自社との違いとか、どのようなシステムにしようとか、考えました。自分の考え方（その時の対象のシステム）に合ったチャートを探すのが、たくさんの書籍を読む目的になってしまった感もあります。

　そのためには、現在のシステムについて記したものや、例を見ることも役に立ちます。オリジナリティがないと言われることもありますが、現在のベンチマーク理論（他分野や他社における優良事例［ベストプラクティス］を分析し、それを指標［ベンチマーク］にして自社の変革を進める経営改善手法）でも、種々の例から自社に合ったものを選択すれば、まったく同じになることはなく、オリジナリティのあるものが作れるのです。

システム設計：より広く考える

　あくまでプログラマの仕事なのにそこまでする必要があるのかと思われるかもしれませんが、より広く考えることが役に立ちます。紙テープのシステム等でも、筆者にその仕事が回ってくるまで、十数本のプログラムができていました。なぜ、筆者がやったように最初からできないのでしょうか。SE の役割を認識していなかった面もあるのですが、プログラマでももう少し広い範囲を考えさせれば同じようなことができたのではないでしょうか。

　もっとも、広く考えろと言うと、極端な話、世の中のすべてを説明しろというようなことになることもあります。まあ、与えられた仕事の一回り外側というぐらいがいいかもしれません。

詳細設計・プログラミング：インターフェイスと中間結果を重視する——見える化、個別データまで辿れるように

　プログラムの重要な部分は I/O（入出力）にある気がします。というより、他のシステムやプログラムとのインターフェイスをしっかりしておかなければならないということでしょう。最初のプログラムのところ（21 ページあたり）で述べたように、そこを少し修正するだけで手数が省略できることも多いものです。

　もっとも、システムの基本概念が I/O とプロセスから成り立つように、プロセスも重要です。これはシステムを作成する時に、中間結果や合計だけでなく、明細のデータをアウトプットする、またはそうできるようにしておくことにも通じます。そのようにしておかないと、おかしいと言われた時に、単にプログラムのみを追うようになり、大変な苦労を負います。

　エンドユーザーも、結果だけ分かればよいなどとも言います。しかし、実はエンドユー

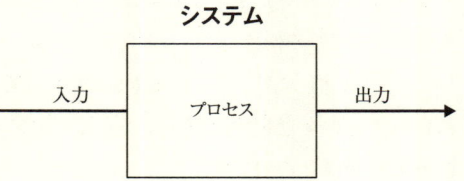

第 2 章　プログラムからシステムへ

ザーの投入データなどが間違っているにもかかわらず、「コンピュータのプログラムが悪いのでは？」等と言われることもよくあります。昨日の売り上げ合計が違う等と言って、IT 部門に言ってくる場合、多くは明細を見せれば分かるものです。

　チェック用の表を出すとともに、エンドユーザーにそのような方法を教えるのも重要です。IT 部門には、中間結果を出さずに、そのようなチェックを時間をかけて行い、熱心に仕事をしているつもりになっている人も見かけます。

　また、最初から中間結果などをアウトプットできるようにしておくと、プログラム数が増えますが、「デバッグで出すようにすれば、プログラムや機能が少ないので、見積もりも少なく効率が良い」などと言い出す人がいるので注意も必要です。

管理：いい加減に見える部分もある

　SE は PG から仕様がよく分からないと言われ、SE はあの PG は能力が低いので理解できていないと言ったことがありました。そのような時に筆者（管理職）は SE にはもう少し分かりやすく話せと言い、PG には SE とよく話して理解するようにと言うので、筆者はいい加減と言われたこともありました。開発者からは開発用のハードをくれと言われ、開発の管理者からは予算の制限があるからと言われると、筆者は管理者にはもう少し機械を渡してと言い、開発者には我慢してと言います。もちろん開発の管理者には基準を決めてそれに沿って実施しなさいとも言いますが、状況は毎回少しずつ異なるので、少しずつは修正しながらやらなければならないような仕事かもしれません。

マニュアル化：マニュアルだけで仕事はできない

　ハードやソフトのマニュアルが全部頭に入っているような人がいますが、通常はそのようなことをするのは無理です。逆に、仕事をする時にマニュアルがなければできないのでは話になりません。普通は分からないところを参照・確認する

ぐらいでしょう。記憶に頼らずに論理的に考え、自然と理解できるようにすべきです。また、標準化により理解できるようにすることも重要でしょう。

　ソフトウエア開発をマニュアル化して、誰でもできるようにするのは無理でしょう。製造現場などとそこは違うところかもしれません（製造現場でもマニュアルだけで仕事ができるとは思いませんが）。ソフトウエアは同じものを二度作ることはないということによるのかもしれません。またコンセプトや基本的な部分をチームの全員が理解すること、つまり情報共有が役に立ちます。

　コーディングマニュアルはできるかもしれませんが、マニュアルだけでできるのはそのくらいかもしれません。「マニュアルに書いていないのでできない」と言われることもあります。箸の上げ下ろしまで教えないと、というようなことと同じなのですが。設計方針や、プログラムの記述方針といったことの方が重要なのでしょう。

第3章
新しい会社で

　1989年の終わり頃、会社を変わりました。責任をとらなくてよいようにしようとか、ITのことは他の人に分からないのだから何をしてもよい等と言い出すIT部門TOPがおり、システムが悪くなることも目に見えていました。IT部門のメンバーの意欲や能力も落ちているようにも見えました。自分自身の年齢からも、それまでの会社でするより異なる企業でITをする方が結果が早く出せるのではないか、もう一度（だけ）システムを作成して、自分自身の力を試してみたいということもありました。

　移った先の企業は広告業なのですが、大学の時の卒論では、マーケティングを選択していたり（理工学部なのに）、誘ってくれた人がいたり、自宅から会社が近く、転勤もないだろうと思ったということもありました。

　今までの非鉄金属加工会社から見れば、まったく違うタイプの会社で、「前の会社とぜんぜん違うだろう」と言う人もいましたが、社内でITをしている限り、あまり違うという気はしませんでした。最初の会社でも経理・営業関係を担当することが多かったり、技術計算的なこともしていたことも影響しているかもしれませんが、システムの対応なんて、どこもそれほど変わらないという気もします。

会社を変わって

　会社を変わっても自分自身では淡々と仕事をしたという意識しかないのですが、計画から実施、メンテナンスまで自分自身で行っているので、その流れを淡々と記すことにします。もっとも、特別なこともしていない（と筆者は思っている）ので、実施事項は普通の書籍に書かれているのとあまり変わりません。そこで、注意した点とか、重点を置いたとか、普通と少し違うかなということを主体に記してみます。

第3章　新しい会社で

転職

　なお、企業内ITの転職は難しい気がします。特に筆者が働いたぐらいの会社では、専門性があるわけでもありません。プログラムは××言語ができるとか××OSに詳しいとかいうこともありません。しいて言えば言語の概要は分かるし、OSやコンピュータの全般については分かる、ということかもしれません。要は、エンドユーザーの要望をシステム化して進められるということでしかないとも言えます。

　ただ、同時にそこがおもしろいとも思います。必要な技術がなければ持っているところから調達すればよいのです。自社の要員を教育して育てるよりやりやすい面もあります。このような仕事の市場ができたり、専門性が高められればよいと思いますので、第5章で少し触れます。

その他直接ITと関係のないこと

　その他の問題は、会社内で派閥的なものとか、今まで担当していた人との関係とか、IT以外の問題があります。それらについては筆者は多くは上司に任せていたのですが、それらもかなり大変だったかもしれません。自分自身ではまず、システムを完成させ、当面はそのようなことに関係ないという態度の方が良いし、両方をうまく実施することは、自分の能力上無理と思ったこともあります。

　なお、本来システムの完成後の評価をしなければいけないのですが、よくやったよくやったという宣伝的なものか、なぜ評判が悪いのか、なぜ遅れたのかなどの指摘があるかぐらいで、あまり真剣な評価が行われなかった気がします。もっとも、問題点を突かれると責任逃れの弁解に終始してしまうような人が多かったからかもしれません。

　逆に、自分自身は問題になるようなことはなかったのですが、評価もされないというようなことでした。本書では、なぜ問題を起こさなかったかなども理解していただければと思います。

コラム　残業など

　淡々と仕事をしてきたと言いましたが、３Ｋ職場といわれるIT部門での残業も、すごくしたという意識はありません。筆者にとっては、ものすごく苦労したとか切羽詰まったということもありません。もう少しであぶないかな、ということはいくつかあったのですが、大きく遅らせるようなことも、予算を増やすといったこともありませんでした。

　残業が増えたのは、テストを夜中にするとか、自分は工場にいて開発しているのですが機械は本社に置くといった場合です。あとは半分付き合いのようなもので、部下が残業している時（毎日人が替わって残業する）に付き合っているといったことです。仕事をおもしろがってしていたようなこともあるのですが、他の人のことや、労働協約等を考えると少し反省もあります。

　開発対象部門が残業をしているので、という事情もありました。ユーザーはITとは関係なく残業しているのですが、IT部門も一緒にがんばっていることを見せた方がよいかもしれないといった時に残業したのです。いつでも仕事はあるし、プロジェクトの初期には仕方がなかったかもしれません。

　また、エンドユーザーの仕事ぶりを見ていると問題点なども分かってくるものです。残業したことの効果があったかどうかはよく分かりません。そんなことをしても仕方がないという人もいるし、必要なことだという人もいました。もちろん、私自身の仕事が忙しい時に、エンドユーザーの残業にまで付き合っていられないということもあります。会社の雰囲気等にも影響されるのでしょう。私が残業している時に、自分も残業しているのに「手伝いましょう」と言ってくれるエンドユーザーもいました。

　徹夜等も何度か行っていますが、ソフトを新しくする時の切り替え時などは当然ですが、それ以外には、雷で端末が壊れた時にCEに付き合ったとか、OSの閏年の計算エラーで、当社の全部のプログラムにパッチを当てる作業をするメーカーのSEに付き合ったりといったことです。

　会社が変わってからは、IT部門に自分一人しかいない時に数字が合わな

いことが数回あり、そのデータのチェックで夜中まで仕事をしたことがあります。ただ、開発自体は外部のベンダーなので、管理もベンダーということもあり、ベンダーに付き合って残業するということはあまりありませんでした。

なお、会社にいなくても、システムのことを考えることはあります。特にプロジェクトの基本方針のようなものを考えている時はそうなります。そのような時に、ヒントが出るのは、社外にいる時の方が多かったかもしれません。この辺りはサービス残業になってしまうので他の人には強制することはできないなど難しい面がある気もします。まったくのクリエイターのような気分です。開発に入っても、通常の勤務時間は部下やユーザーの相談に乗っていることが多く、自分自身が考えなければならないことは、どうしても時間外になってしまうことも多かったものです。

初期にはプログラムのバグが解決できないといって、よく相談されました。自分に関係のないプロジェクトや、知らない言語でもバグを探すのはうまかったものです。他人に話すと物事が整理され、それだけで解決することも多かった気がします。自分自身のプログラム（あまりたくさん書いたわけではありませんが）でも分からなくなると部下に聞いてもらったりもしました。プログラムリストを持って家に帰ってから考えることも多かったですが、多くの場合、10分ぐらいで答えが出ました。

このようなことの原因はよく分かりません。相性のようなことがあるのかもしれません。ただ、大きな括りから絞っていくのですが、その仕方が悪い人がいます。プログラムというとコーディングを追ってしまうのですが、プログラム構造やシステム構造から考えると早いのだろうという気はします。基本設計のようなものに立ち戻った方がよいこともあります。プログラムの構造や、全体構造がシンプルなものがよいのだと思います。

もう1つは、他の人のプログラムでも自分の仕事ではないのだからと思わず、興味を持って経験を積んだことも、他の人より発見が早くなった理由だと思います。

新しい会社でIT計画を作る

新しい会社に入って約3ヶ月で計画を作成しました。前の会社でも計画を作ることはあったのですが、今回は自分一人だけだし、新しい会社ということで張り切ると同時に緊張もしていました。また、私にとっては新しい業界なので、業界そのものについて調べたり、経営戦略とIT戦略の関係などが重要と言われ始めてきた時なので、それらについても考えました。

IT計画を作成する：何もシステムがないのがメリット

経理関係の仕事をすることが決まっていた（IT部門が経理の中にあった）ようなので、一応現場の状況を伝票や事務作業を中心として調査しました。ただ、私にとって新しい企業ということもあり、企業の戦略とか、現状はどうかなどから始めました。1990年当時で、企業戦略とIT戦略の関係などが言われ始めた頃だったような気もします。

広告業というものの性格を知るためにも広告業そのものについて書かれた書籍等も参考にしました。社内のTOPに近い人の意見や、業界のシステムについて書かれた書籍や、本社（US）から送られてきていた資料を参考にしました。

現場の経理に聞くのとは少し違って、広告業界の経理のことも少し理解できた気もしました。広告業が金融機能も兼ねているとか、諸外国では顧客から入金してからベンダーに費用を払うことも多いとか、現金で支払うと値引きがある（かなり多い）とか結構おもしろかった。日本と諸外国では企業や人に対する信頼度がかなり違う気がしました。

全社のシステムを大きく基幹系と情報系とOA系のように3つに分け、各々をTOP/管理職/一般に対するシステム、というように大分類をしてみました。本社（US）の資料を見ても大きな括りというのは見られず、すぐ経理システム（場合によりG/L、買掛金、売掛金、管理会計）等になってしまいます。あまり大きく括るといったことが行われていない感じがしました。

計画作成時点の直属の上司は、筆者の言うように開発するのがリスクが少ないのならその方がよいという考えです。もっとも、リスク管理というより問題を起こしたくないという意識の方が強い感じはしました。問題を起こすと外資系の場合、その後の対処が大変ということもあったのでしょう。

思った以上にTOPに刺激を与えたのは他社との比較かもしれません。他社に比べてこのくらい遅れているという話は刺激になったようです。同時に今回のITプロジェクトは、現在何もないことをメリットとすることにしました。何もないところから開発するのは、制約条件が少ないとも言えます。それまでその会社にいた人では言いにくいことだったとも思います。

社内への説明

言葉の問題も苦労します。「基幹システムといっても何が基幹だ」「MIS（マネジメントインフォメーションシステム）とは何だ」「勘定系・情報系とは何だ」といったようなことです。確かに、これらの言葉はIT関係者の中では何となく使われていますが、使う人によってかなり違う意味であるような気もします。

あるものを基幹と言えば、「それ以外は基幹ではないのか」などと反論されてしまいます。単なる不満とも言えますが、結構重要なことかもしれません。IT部門も実はしっかりは理解していないかもしれません。エンドユーザーに至っては勝手な憶測をします。皆利害関係があるし、自分自身のリストラや、社内における重要度を判断されたような気になる人もいるでしょう。

筆者としては、純粋にシステムを開発するために、会社として進める方法を考えただけなのですが、不満な人とか、何らかの意図を持って陥れようと考える人が、ほとんど意味のないような意見を言ってくるのには少々困りました。

一応、受注から経理処理までを基幹系と言っていたのを勘定系（会計系）とし、広告会社の視聴率の検索などをするシステムを情報系（広告会社にとってはメインかもしれません）と言っていたのは専門系に、メールやファイルの共有といったことはOA系（後にはネットワーク等を含めインフラ系）とすることで進めました。

もっとも、システムが何もないし、情報系については親会社のシステムを使え

ることから、勘定系を先にシステム化するということは、当然のような気もしました。

社内外での議論：第三者から意見を求める

　社内外で、いろいろな意見や反論がありました。まず、本社（US）からは、「日本の親会社（資本金がほぼ半分）に開発してもらうことはできないか」とか、「本社のパッケージを使えないか」という意見がありました。システム開発の難しさについての理解はあったのでしょう。また、新入社員の筆者を信用することができなかったのかもしれません。

　USのパッケージを使えないかということに対しては、コンピュータメーカーに「パッケージを日本語化するだけで新しく開発するのと同じぐらい費用がかかるであろう。それなら日本で作った方がよい」という意見を言ってもらいました。日本のパッケージもいくつか見たのですが、USのやり方と日本のやり方が混じったような当社には合わない気がしました。

　これにはエンドユーザー側の、自分たちの希望に沿うようなシステムを作ってもらいたいという希望もあります。数年前に失敗した経験もしこりとなって残っているようでした。筆者としては、USとも仕事の仕方がかなり違うし、最初なので失敗したくないので、自分で設計し開発した方がよいと思ったこともありました。日本の親会社は、その頃進めているシステムがあまりうまくいっていなくて、他まで手が回らないということでした。

「次はMISから始めた方がよいのではないか、××国ではそうしている」という意見がありました。MISという言葉についての概念は、日本とそれ以外ではずいぶん違う感じがしましたが、そのような聞き心地の良い誤解も含めて、なかなか苦労もありました。

　工場のFAのようなものはどうかという意見がありました。チョットコンピュータのことを知っているような人はなかなか厄介です。それは何かということから進めなければなりません。広告会社なので、勘定系以外に視聴率を照会したり、最適な広告の出し方やクリエイティブ（デザイン等）のようなものがある

のですが、日本の親会社のシステムをそのまま使えば日本で最先端のものが使えるのだからと説明しました（この件は日本の親会社の資本引き上げにより新規に開発することになります）。

　急遽設定されたアジアのCIO（最高情報責任者）はUSの大学で学んだようですが、日本の方法に協力してくれました。ただ、規模の小さい会社（アジアでは30ヶ国ぐらいあって、その頃は日本がアジア全体の半分以上の売り上げだったと思います）で、感覚的に合わない部分もありました。

社内IT部門として

　実は、筆者だったらどのようにでも進められるとも思い、この会社に来てからだいぶ時間も過ぎているので、決めてくれるのなら何から始めてもよいという気になっていたのですが、そのようにしなかったのは結果的にはよかったと思います。単なる思いつきや、とりあえず反論するだけという人も多かったのです。会社に入ったばかりで逆風もありましたが、このようにしている間に、何とか合意も得られてきました。また、いろいろ言われるたびに、前にこの会社で失敗した原因もおぼろげながら浮かび上がってくるし、会社の雰囲気も分かってくるし、よく検討することで、自分自身の理解も深まってきたとも言えます。

　なお、この計画を作成している時に、時間の余裕があることもあって、チョットした息継ぎのような時に現場を観察すると、現場の動きなども分かり、手助けになった気がします。現場を見るのは重要なことかもしれません。

　ITが全然進んでない時に、何をするのか説明するのは難しいものです。ただ、そこをしっかりしておくと、後々まで役に立ちます。

　最近EA（エンタープライズアーキテクチャ）が言われますが、全体構成をある程度明らかにすることは役に立ちます。全体構成は組織的な面や機能的な面、最近言われるサービスとしてどのように捉えるかなど、いろいろな面を考えて資料を作ることが望ましいのです。そのような作業をしていくうちに個々の図が抽象化され、1つの資料に表せるようになるとよいと思います。

勘定系1：計画を作る

　勘定系からシステム化するという了解がほぼ取れ、実際の開発に入りました。これからはシステム開発ということで、個人的には今までやり慣れたことでもあり、あまり新しいこともないのですが、開発が終わるまでを、いくつかのフェイズに分けて、注意したこと、気になった部分を中心に述べます。
　最初は勘定系のより詳細な計画です。勘定系を先にした方が他のシステムを構築するより会社にとって効果が大きいことはかなり明らかだったので、事前に概算の費用等を出しておきましたが、それをもう少し詳細にしました。全体の計画を作る時から費用を明らかにしなければ話にならないということもありました。

ハードウエア・OS：常識の範囲内であまりこだわらない

　まず、ハードウエアです。ハードウエアは会社の顧客でもあり、世界のグループ会社で決まった機種（オフコン）があるので、それを使う（価格も決まっている）ということで進めました。筆者はハードウエアや言語にはあまりこだわりません。どうしても動かないというものでなければ、それほど大きく影響を与えない気もしているのです。常識の範囲内（この解釈も難しいですが）なら良しということです。自分で選択する面倒くささからも逃れられます。評判の良い機械で価格は比較的高価ですが、会社の顧客の製品であり、企業グループの推薦機種であるので、この機械を選択することは、社内的に通りやすいという面もあります。
　コンピュータのサイジング（機種のうち、どのクラスを選ぶか）もチョット面倒です。サイジングをしっかりしろという欧米の担当者も自分は最大のものを入れていると言って、ニヤッとしていました。これはメーカーのサイジング計算のシステムで計算して出しました。サイジングをするのも久しぶりで、コンピュータの大きさ（能力）を計算する時の基本となるものがアクセスする人数だった、ということも久しぶりに思い出しました。
　筆者は、コンピュータなんて、後になった方が安くなるし、最終的には複数台

になるだろうから、小さいものから始めた方が良いといって、いくつかのシミュレーションを示しました。このようなシミュレーションは当たらなくても（実際にはその後の新製品の状況にもよるので、一筋縄ではいかない）、実行することに意味があるという感じです。当初は費用の関係で無理でも、いずれは開発用と本番用の機械を別にすることも、コストをあまりかけずに可能になるかもしれないというようなことも分かります。

ソフトウエア開発費用・方法およびスケジュール

　ソフトウエアの開発費ですが、勘定系の概要の設計もしていないので見積もりもできないのですが、予算がないと計画になりません。IT（経理）担当の役員は今までこの会社でしていた経験や予算の範囲から、このくらいという金額を出しました。筆者も一応、想定されるインプット／アウトプット（現状とUS資料と一般的な書籍から出しました）、それに伴うファイル操作などのプログラムを見積もり、かなり粗いシステム概要を作りました。そしてプログラム本数と適当に難易度をかけ合わせ、自分の今までの経験から金額を算定しました。ほぼ双方の数字は合いました（いや、合わせたのかもしれない）。

　開発順は、最初に経理の中心となる総勘定元帳からB/S、P/Lを作成する部分を第1にして、次に、買掛金、次に売掛金……といったように分けておきました。その後、購買や、営業のシステムに進むことにしました。

　また、開発の方法として、インクリメンタルに開発する（システムを分割し、小さなシステムごとに完成させ、運用に供する）、プロトタイプ手法を使用するということを挙げました。筆者自身は4GLやCASEツール、RDBについて興味があり、何とか使用できないかとは思っていました。そのようなものが使えるベンダーを選びたいという気もしていました。

　なお、この頃（1989年）、前に述べたF・P・ブルックスの「銀の銃弾はない」（No Silver Bullet）が発表され、「開発するのに決まった良い方法はない」「パッケージを使え」「インクリメンタルにしろ」「プロトタイプをしろ」「グレートデザイナー」というのに刺激された面もあります。

端末や設備：進めるための見積もりや社内での予算管理も考慮

　端末は、まだダム端（ダム端末 dumb ［愚かな］-terminal の略。端末自体は、入力機能とホストコンピュータからの画面の表示機能のみ持つ。パソコンなどの端末で処理能力を持つものとは異なるもの）で処理する時代でしたが、前の会社でも地方の営業は PC で実施したこともあり、PC で見積もりました。設備面はコンピュータメーカーやビルの大家さん等と相談したものの、かなり適当に決めています。このような時に、なかなか概算ということで決めるのは難しいということを思い知らされました。後々の責任というようなこともあるのでしょうが、詳細まで決めないと見積もりができないと言ってきます。社内に置けなければ、外部に置こうといったことも検討しながらですので詳細は決まりません。

　適当な設定をし、業者に見積もりを出してもらいましたが、実際の時になったら費用が変わるかもしれないという心配もありました。実際の執行時には金額が大きく変わることはありませんでしたが、固定資産になるものの管理（予算）が別に決められていたり、筆者の社内手続きの無理解や、新しい形のプロジェクトということもあり、予算管理上少々苦労しました。

メンテナンス費用は多めに、要員は最小限で

　これら以外には、予算はメンテナンス（ソフトウエアの変更）にある程度多め（開発費の 15%）の配分をしています。

　多分、メンテナンス費用という項目を最初から設定することも少ないかもしれません。昔はそのような考え自体があまりなかった（なかったわけではありませんが）し、現在では最初からシステムを新しく作るということが少なく、既存のシステムの改変や作り直しが多いので、保守費用を新たに計上するということも少ないかもしれません。ただ、エンドユーザーの希望を取り入れて機能を追加するからということもあり、筆者は少々多めにしています。

　要員については最小限ということで、かなり少なめに言っています。これは要

員は少なくしたい、またできるのではないかと思っていたこともあります。もっとも、その最小限の要員も、なかなか実行されませんでしたが。

いくつかの社内や親会社（USと日本）との討論

　経理部門から、メンテナンス費用の15％は多いのではないかという意見が出ましたが、USのIT担当から15％が普通との意見が出て決着がつきました。
　経理システムより営業などを先にするべきではないかという意見が社内にありました。営業を先にすると、受注データを入れて、実績を照会するまでに開発に時間がかかり、効果が出るのが遅いというのが筆者の見解です。結果が早く出ることが重要だと思いました。これは全社（世界）のCIOが経理から始めればそれでよい、それの方が普通という意見で結論が出ました。
　インクリメンタル・プロトタイプということに関しては、USのIT担当は不満そうでした。まだまだウオーターフォール型（「落水モデル」とも呼ばれる。ソフトウエア開発の基本的方法で、プロジェクトをいくつかに分割し、この順番を飛び越えたり、後戻りをしないようにする方法）の開発手法が力を持っている時です。また、US等ではエンドユーザーの契約という意識が強く、外部設計でエンドユーザーと契約してから内部設計をしろ、ということになります。
　筆者はこの件に関しても、実施することをブレークダウン（細かく分析すること）して一応説明しました。USの担当も納得したようには思えませんでしたが、全社CIOが、日本の思う通りにしてみろと言ってくれて決着しました。彼はその後、『Rapid Development』という本を送ってきてくれたりしたものです。
　日本の親会社は、特に意見はありませんでした。ただ、インクリメンタルにするということに関して、自分たちのプロジェクトのことも考え合わせたのか、「そうできればよいのだが」と言っていました。自分たちのシステムもそうすれば大きな問題にならなかった、と思っているように見えました。
　何とか筆者の意見が通ったのですが、意見をぐらつかさなかったのがよかったとも思うし、全社のCIOと筆者の直属の上司とが懇意にしていたせいかもしれないし、運が良かったのかもしれません。あるいは、すべてかもしれません！

勘定系２：ベンダーの選択と基本設計

　次はベンダーの選択です。初めて RFP を書いてみました。初めてといっても計画から選択し、一部追加するだけで、あまり手間をかけたわけではありません。ベンダーの選択をする時に考慮したことの１つは、筆者がどのような立場で関与するかということです。筆者の最初の会社での経験からも、勘定系は現場の作業に直結するものです。最初の開発システムであり、失敗は許されないということからも、筆者がある程度（基本設計程度？）システム設計に関与することにしました。

　もう１つは、ベンダーがどのような開発方法をとるかということでした。筆者の開発方法に合っているかというより、開発方法に考慮を払っているかということが気になりました。

ベンダーの選択

　もともと自社で SE/PG を雇用する気はなかったので、SE/PG については筆者が一部するにしても、ベンダーに任せなければなりません。いろいろ業界の様子を見ていると大きく３種類に分けられるかなと思いました。１つは（A）大手の企業です。このような会社は自社には SE/PG はほとんどい

ベンダーの区分け

A)ゼネコン的 (上流中心)	B)自社で全部 (独立系が多い)
C)大手への派遣主体 (下流プログラム中心)	

ません。いても上級 SE ぐらいです。筆者はそれを見て、ゼネコンと同じという気がしました。ゼネコンが建設における工事の取りまとめは（必要に応じては基本的な設計さえも）行い、実際の作業は他の業者に任せるところがよく似ている気がします。

　(B) 次は大手ですが、ややランクが下がります。SE/PG もある程度抱えていま

す。いわゆる独立系が多いと思います。(C) もう1つは、自分で直接営業するのはやや小さい企業で、あとは大手（(A) や (B)）の下請けで仕事をするというものです。(A) に仕事を頼むのですが、実際には直接担当する (C) の会社のメンバーによって出来不出来が決まるという意見も聞いたことがありました。

以上のようなことを考慮して、自社で使用しているハードウエアベンダーや経理の関係する会社や飛び込みで入ってきた会社等から、(A)、(B)、(C) の会社を1〜2社ずつ、計5社に RFP を出しました。

RFP には計画に書いたことに追加して、通常の企業内容を聞くとともに、どのような開発方法をとっているか、開発ツールにどのようなものを使用しているか、を質問に入れておきました。

結果として、(C) に当たる会社に発注しました。自分が基本設計をするのだから、(C) の会社の方がやりやすいということや、使用機械にあった CASE ツールの使用経験がかなりあるということにも影響されました。その CASE ツールは US 本社でも一部使用したが、難しくて全面使用には至っていないと言っていましたが、同じ CASE ツールということで話しやすくなります。また、ベンダーも担当していた会社が US にも拠点を持ったため、一応、US のベンダーにも登録されていたようです。US 本社である程度理解のある（名前が知られているぐらいでもよい）ことは仕事をやりやすくします。

もう1つ問題なのは、派遣か請負かということでした。個人的には、社内要員と同じにしたかったので、筆者の傘下にある派遣のようにしたかったのですが、規約上難しいようで、請負で個別に発注する形をとりました。

設計開始：設計はトップダウンで、ベンダーとのバトル

基本設計というところでは、基本の流れやファイルと、画面や印刷、コーディングの標準（タイトルやプログラム No. の表示、ファンクションキー、変数名 etc）をベンダーと相談して決めておきました。

画面やコーディング等の標準ではあまり問題はなかったのですが、筆者が基本的な設計（主に基本的なファイルと全体の流れ）をすると、ベンダーの SE は考え

込んでしまいました。なぜこのファイルが必要か分からないとか、運用方法が分からないとも言ってきます。筆者は運用はこのようにすると適当に話して、それでうまくいかなければ筆者の責任であるといって、詳細設計をしてもらいました。また、当初必要のないリストで後から必要になりそうなリストを適当に追加したりして、そのためにこのファイルが必要と言って進めていきます。

　本来は少し違うのですが、本質的な話をしても多分、意見の一致までいかないのではないかとも思いました。筆者も本当にそうかという部分もあるし、その証明は難しい面もあります。その頃、やっと大福帳的ファイルということが言われ始めた頃ですし、SE もよく分からなかったのかもしれません。

　ベンダーの SE も納得しません。途中で打ち合わせに出てこなくなるということもありました。良い設計になっているかどうか理解できないこともあるのでしょう。トップダウンで設計すると、ボトムアップ的な理解をすることを習慣にしている普通の SE には理解が難しいかもしれないと思ったものです。

　また、データを PC に取り込めるような考慮として、IT 部門が Query でファイルを作成し、エンドユーザーが PC へ転送するのを可能にしておきました。この辺りは結構簡単にできるようになっていました。

エンドユーザーとベンダーの直接の対話は避けた：ベンダーも新しい仕事の方法を考えるのは難しい

　エンドユーザーと直接話をしたいとベンダーの SE は言っていました。エンドユーザー側は昔の失敗した開発経験や、機密といった点から話したくないと言うので、直接は話させませんでした。筆者は今回は直接話さなくてもよいと思ったのですが、将来的に IT 部門の関与があまりない形で進めたいという気もしていたので、エンドユーザーの関与を入れたいとも思っていたのですが、進み方を見てからにしようと考えました。

　どうもその後のことも考えると、ベンダーの SE は、「エンドユーザーがこのように言っていたので実施するべきだ」というようなことを言いたがります。では予算はどのように使うのか、開発方針として、今実施することがよいのか、エ

第3章　新しい会社で

ンドユーザーのやりたい方法以外で、同じことを実施できないか、そのことをすることが本質的によいのか、といったことを考えていないのです。

エンドユーザーは自分の楽（そうに）になることを考えます。他の部門のやり方を変えたらとか、仕事の流れをこのようにしたら等ということもあまり考えません。実際に設計した内容を話すと良くなるかどうか分かってくれることも多かったものです。もちろん、ベンダーのSEは筆者より優秀で、俺の方が専門家という意識もあるので、あまり邪険にもできないのですが。

今までの手作業の仕事をコンピュータを使ってとか、コンピュータを使っていても、新しくオンラインにしようなどという時に、新しい仕事の方法をエンドユーザーが分かることは少ないと思います。特に今回のようにIT化が行われていない時は、少なくともエンドユーザーだけで分かるわけはありません。

筆者としては、エンドユーザーの仕事はしばしば変わるのだから、単独の機能の小システム（サービスか）を独立して開発しておき、仕事の方法が変わった時にメニューや呼び出しの順番をチェックするだけで対処できるようにしておいた方がよいと思い、設計するのですが、そのようになっているという証明も難しいのです。

ただ、新しい方法を提案するのは、普通のSEにとっては難しい気がしました。筆者の負荷の問題で、勘定系の最後のシステムでは、新しく入った部下とベンダー主体に進めざるを得なかったのですが、開発終了後すぐに運用面での変更が入り、新規開発と同じぐらいの開発量になってしまいました。

SEもエンドユーザーと同じで、本質的なことより表面的な操作の観点から見ていると思いました。自分の経験に基づいたり、エンドユーザーの言っているように作成すれば、実際に出来上がった時に問題が起きても責任から逃れられると思っているようにも見えます。前に述べた「エンドユーザーの言っている方法で製造するのがよいと思っている」ということです。

勘定系3：開発

　基本設計を終えてからは、詳細設計・開発・テストと進みました。この辺りには筆者はあまり関与していません。コンピュータ室の工事などの周辺作業に時間を取られていた面もあります。もっとも、システムは複数に分け、インクリメンタルに進めることにしていたので、それなりに進捗管理や、ベンダーからの質問やエンドユーザーとの打ち合わせに費やされました。

詳細設計から開発：あまり問題はない

　開発は基本設計時に揉んだおかげか、あまり問題を起こしませんでした。ただ、ベンダーのSEが運用が分からないということはこの間にも何回か言われました。エンドユーザーのよく分からない点は、この時もデータのチェック問題です。エラーがあった時の対応について話そうとすると、「エラーがあったら自動的に直してくれ」とか、上司からは、「経理にとって間違いはあってはならないことだから、エラーの修正は難しくするように」などと言ってきます。経理操作を通じて悪さをするということが（日本よりUSで）多かったのかもしれません。

消し込みが重要

　設計上面倒だなと思ったのは、消し込みという作業です。入金したら、それがどの売掛金に合うかとか、売り上げを計上する時に、該当するコストは何かといったことです。経理の作業というのは消し込み作業なのだという気もしました。支払う時でも、半分は手形とすると、1つの売掛金で手形で支払うものと、振り込みで支払うものとが分かれたりします。入金額でも相手が間違えていることもあるし、振り込み手数料の差し引き金額が違っている時などもあります。
　それまでは、経理処理は合計金額で行い、個別の対応は別途ノートで行っていたのですが、数値の合計が合わなくなるということが起きていました。筆者とし

ては、元の伝票を分けて、伝票一枚で１つの消し込みにしたり、１つのオーダーに関するコストは一度に落としてしまえと言うのですが、複数のオーダーに関する仕事を同時にすることもあるとか、それまでの方法を変えるのはいやだと言ったりして、なかなか昔の方法を変えようとしません。

　何とかシステムでできるようにしたのですが、後には筆者の言ったような方法で処理することが多くなり、自動的に消し込みができる部分が増えていきました。ただ、合理化に結びつくのは後になってしまいます。システムを育てるということが必要かもしれません。自分で望ましい運用方法を考えて、今はできなくても将来必要になるということで、システムを考えるということです。もっとも、それほど考えなくても、単に良いシステムを開発するということだけでもよい気もするのですが、なかなか難しい。

　この消し込み作業というのを、システムの標準として教える必要があると思います。昔、シーケンシャルマッチング（複数のファイルを分類し、同一キー項目で突き合わせ、データの集計や補充などを行うこと）とか、ソートとかのルーティンを勉強したように、消し込みのようなことを教える（勉強する）必要があるかもしれません。標準ルーティンとしてできているシステムがあれば（あるのかもしれませんが）よいと思います。使用している４GLにも、ここまで詳細にやるというのは難しそうでした。システムの基本的な機能は消し込みにあるのかもしれません。在庫の引き当てとかでも同じことでしょう。製造会社のロット分割や部品展開なども似ている気がします。

オペレーション（の設計）：オペレータなしで

　オペレータも不要にしようと考えました。当面筆者一人なのですから仕方がないという面もありますが、前の会社でもアウトプットを現場に出すようにすればオペレータなしでも可能ではないか、とは思っていました。

　アウトプットを現場で出すようにしたのですが、後からシステムの内容を見ていくと、全社分のアウトプット用のファイルを作って、そこからデータを選択しているケースが見られました。最初からデータを選択すれば、時間的に短くなる

ものもあり、いくつか直させてはいるのですが、難しいものです。

　もちろん、バックアップはしなければなりませんが、自動でバックアップを取り、オペレーションはテープのかけ替え程度で可能にしました。最初は自分でしていたのですが、あまり負担にもなりませんでした（一日20〜30分ぐらい）。チョットした気分転換というところです。ただ、新入社員に教える時など、説明しても必要性が分からないようで、困ったものだという気もしました。たまには何かエラーを起こさないといけないのかもしれません。

コンピュータ室やネットワーク

　コンピュータ室やネットワークの配線の方が、面倒だったかもしれません。特別な部屋を作るわけではなく、ごく標準的な部屋でよいのですが、床上げでも何cmでいいのかと聞いても、あまり返事が返ってきません。指示の問題もあるのですが、床上げの高さとか、空調の容量とか、それに伴う費用等がベンダーからスムーズに出てこないのはチョット困りました。

　ネットワークもかなり困難です。ネットワークの種類を大きく分けるとイーサーネットとトークンリングの二種類あるとか、能力はこう、導入しようとしている機械に合うのはこう、等ということは書籍で分かります。どうも、イーサーネットとかトークンリングに関わらない配線方法があるらしいというようなことを前提に、ソフトベンダーの営業にどのようしたらよいか等と聞いたり、そちらで分からなかったら適当なネットワークベンダーを紹介してくれと言っても、思ったより時間がかかります（営業も新人に近い人だったからかもしれません）。

　相手の上司に言って解決してもらおうと思った頃、やっと返事が来ました。UTPという配線方法がある、業者はそのソフトウエア会社が使っている（同時に日本の親会社も使っている大手の）企業を紹介してもらいました。まったく何ということもない話なのですが、筆者のようにUTP等という言葉も知らずに（聞いていたとは思うのですが）指示しても、何とかいけるものです。それから10年以上たっても、ある企業からツイストペアにしようと思うがどうだと聞かれたりしたので、簡単ではないのかもしれませんが。

テスト：プログラマを特別に派遣してもらった

　最後は、テストや初期データの入力です。自分自身で少しデータを入力してチェックし、基本的な修正をさせて、システムに慣れるためにも並行作業をしてもらおうと考えました。しかし、現場の入力作業をしたくない、別の作業をしたくないというのにはチョット参りました。仕方がないので、ソフトウエア業界が不況だったこともあり、プログラマをパンチャとして派遣してもらいました。単なるパンチャより内容がよく分かるので、かえって効果があった気もします。

　この会社で初めての経験だし、前にはもっと小規模なのに失敗した経験もあるので、エンドユーザーにこちらも強く言えなかった面もあります。

バグ・運用

　運用上はそれほど問題は起こさなかったのですが、次のようなケースは難しい面もあると思いました。

　消し込みということでは、1つの作業が複数のオーダーに関連する時にコストを配分するのですが、同一コスト、複数オーダーの作業を同時に行ってしまったことです。もう1つは合計が合わないということが起きました。それは、経理の最終目的のB/S、P/Lを作成する時に時間がかかるということで、中間ファイル（勘定科目で集計したファイル）を作成し集計時間を早めたのですが、中間ファイルを作成している途中にB/S、P/Lを出力してしまったようです。

　確かに運用面の考慮が足りなかったのかもしれませんが、このような方法にSEが慣れていないし考慮が足りなかったということもあるのでしょう。

　システムを設計する時のコツは、複数のJOBを同時に流せるかとか、入出力画面を設計する時に途中でダウンしても大丈夫かとか、ユーザーが途中でやめたくなった時どうするかといった初歩的なことが多いものです。前の会社ではシステム設計・プログラムの担当者は部下だったこともあり、結構うるさく言ったのですが、ベンダーだと遠慮が出てしまう面もありました。

勘定系でのその後：企業内ITの基本的資質

　当初1年半ほどは筆者一人とベンダーのSEとで開発してきたのですが、やっと担当が入ることになりました。筆者は他のプロジェクト（情報系のプロジェクトが始まっていたのです）のこともあり、勘定系は多くをその担当に任せなければならなくなりました。勘定系を担当者とベンダーのSEに任せてしばらくした頃、いくつかの新しい機能追加が行われました。その時に筆者の思ってもみないようなことがいくつか起きました。仕事が表面上、楽な方楽な方へ流れるのです。筆者とは考え方が違う気がしました。自分の立ち位置というか役割の考え方が違う気がしました。少し極端な言い方になりますが、SEとかベンダーとかについて考える一助になればと思います。

企業・組織を理解しないSE

　購買や経理でもオーダーのデータが必要なので、最初は購買部門や経理部門で簡易な受注データを入力していたのですが、だんだん川上側（営業）が受注を入れるべきだという意見が出てきました。当初からそのように考えていたので、それまでの入力方法をチョット変更して営業が入力することにしました。その時に営業担当者が入力し、それを上司がチェックしたらOKとして次の工程（購買や製造）に流そうということにしました。特に難しいことはなく、担当者が入力したデータを上司が画面で呼び出して、よければOKのサインを入力するというものです。
　週に一度ベンダーと社内の担当者と筆者で打ち合わせをしていたのですが、その時に上記のようなことを言ってシステム開発をしなさいと指示しました。ところが出来上がったものを見ると、営業の上司は受注内容を確認せずに、名前（社員番号）を入れるというようになっていました。別に筆者が言わなくても、現場からすぐクレームがつき、画面で照会して確認というように変えたのですが、いったいなぜこのようなことが起こるのだろうかと不思議でした。

この原因を聞いたところ、IT部門の担当者は、営業の担当に聞いたが、今までの上司のサインなんて、上司はよく見ずにしていたし、経理がうるさいし、何かあった時の責任逃れのためにサインさせていると言いました。そこで内容の確認はなしに、チェックすべき人の名前が入るようにした、ということでした。まあ、筆者が目の前で受注の中身を確認してから上司がOKサインを入れるシステムにしなさいといって、合意しても守らないのですから、仕方がないのかもしれません。

筆者の信用がなかったり、SEが分かっていないことを筆者が分からなかったり、文書化していない、等の問題はあるのですが、それをしている余裕はありません。このIT部門の担当者は上司と部下の関係を先ほどの一部の営業の担当者と同じように考えていたので、このような結果になった気がします。

これらの結果を見てみると、IT部門の担当者は、現場が正しく仕事をするシステムを作成するためには、自分が正しく仕事をする（効率は別にしても）ことができないといけないのではないかと思います。

新しい仕事の方法を考えられないSE

ある時、受注の照会のシステムについて、営業から要望があるといって担当が相談に来ました。それは、その営業担当者のオーダーNo.の一覧を出して、必要なものにマークを付け、その複数のオーダーの進捗状況を同時に見たいので、追加で開発したいというものです。

その時、筆者は「営業の担当者は、ある特定のプロジェクトのためにいくつかの受注データを入力する必要があってそれを一括して見たいのではないか。それならプロジェクトNo.のようなものを新たに考え、プロジェクトNo.とオーダーNo.の組み合わせを入力させるか、またはオーダーを入れる時にプロジェクトNo.を入力させて、プロジェクトNo.による照会画面を作るというような方法を検討したらどうですか」と言いました。ITの担当者は「そうですねえ」とは言っていましたが、そのままになってしまいました。

より良い仕事の方法が考えられることが望ましいということです。筆者の仕事

を見て、ある程度うまくいったのは、現場の仕事のあるべき姿などを自分で考えたからです。エンドユーザーが話した時に、その人が正しい意見を言ったかどうかの判断ができるかどうかが重要です。

標準化等を理解しないSE

　ファンクションキー等も設計の時に統一するようにと言ってあるのですが、そのようなことも守られていないことがあります。何かファンクションキーも空いていると無駄な部分があるとでも思ってしまうのか、その画面において必要なものを順番に並べればよいと思っているようです。マニュアルを作成することになっても、画面ごとにキー操作が違うとそれを書かなくてはならず、オペレータが不便ということも含めて、無駄な作業が発生してしまいます。標準化といったことの重要性を理解していないことも多かったのです。

エンドユーザーの代わりをしてしまうSE

　社内のSEが遅くまで仕事をしているので、何をしているか見ていると、自分でホストコンピュータのデータを表計算ソフトに読み込んでエンドユーザーの代わりの処理をしたりしていることがありました。エンドユーザーがデータをほしいと言うのなら、その準備はIT側で10～20分もあればできるので、何度も行うこともあるだろうし、その準備をして、あとはエンドユーザーに任せなさいとは言ってあるのですが、なかなかその通り実施できません。

　エンドユーザーの代わりをしてしまうのは、SEにとって時間はかかりますが簡単なことで、時間が消化できるか、または残業時間が増えると思っているような気もしました。なお筆者が一人で担当している時に、数十のエンドユーザーが扱えるフォーマットを作成しておきました。エンドユーザーコンピューティングの1つの形です。

　一人一台のPCになった時に、PCサポートのメンバーをベンダーから派遣してもらうようにしたのですが、その時もエンドユーザーの仕事をしてしまうこと

がありました。サポートメンバーにしてみれば、エンドユーザーに言われたのだからということで作業をしているのです。「他の人に頼めれば頼んでしまえ、断られたらそれはその時だ」等と思っているエンドユーザーも多い（あまり程度の高い会社でもない）ので、仕方のない面はあるのですが。PCのサポート担当の社内の要員もいて、その担当にもサポートメンバーには実際の作業をさせてはいけないと言ってはあるのですが、そのサポート担当者も、相手の言うことを聞くだけで、内容を理解せず（理解できず）、派遣で来てもらっているサポートのメンバーに流すだけになってしまっていることが多く、問題だとは言えます。

ベンダーに伝えるだけのSE

　ベンダーを使ってきて感じるのは、社内IT部門の担当はユーザーから言われたことを単にベンダーに伝えるだけになってしまうということです。ベンダーに開発を任せると、それまでプログラムを書くことを仕事にしていたような社内のIT部門のメンバーは特にそうなるようです。エンドユーザーの言うことを取捨選択し、エンドユーザーと話し合って新しい方法を考え、ファイルやシステム上のプロセスを考え、ベンダーに提案し、話し合って決めるということがなかなかできません。

　ERD（データの構造や関係を記述する）やDFD（データの流れを記述する）などの図を書かせると、ベンダーの方が上手だし、このように考えるのです等と言われると、従わなくてはならないと思ってしまうのでしょう。ベンダーに丸投げしているような気がしました。もっとも、エンドユーザー部門の担当者の案といっても、IT部門の担当者とベンダーのSEと打ち合わせをしながら進めているのですが。

　筆者も一応チェックするのですが、最後に出来上がったものの詳細を見せられても、影響の範囲が分からないので、どこを変えてというのが言いにくいものです。ベンダーに指示したものを1つひとつ見なければいけなかったとも思うし、見せろと言ってもなかなか見せないのが問題なのですが。概要とか全体構成というようなものを書くのに慣れていないということもあります。

コラム 大きな問題になってしまった例

　筆者が情報系で忙しい頃、勘定系の最後のシステムとして購買のシステムへの追加が行われました。すぐにエンドユーザー側からかなりの不満が出て、労使交渉で止めろという意見まで出てしまいました。

経緯

　ユーザー側の窓口になる人から、「第1次のデータの集計という面では完成した。ただ、本部の一部が対象なので、本部全体に広げたい。ついてはIT部門の担当をその間集中して貸してほしい」とのことでした。
　そのように言われると駄目と言うわけにもいかず、筆者はシステムの状況を連絡しなさいと言ってあったのですが、連絡・報告はなく、部下とベンダーのメンバーで開発されました。運用に入ってエンドユーザー側からかなり大きな不満が出、組合との問題にまでなってしまいました。
　内容をざあっと聞いたのですが、購買の方針を示す部門と、実際に購買する部門との考え方が合わなかったようです。当然ながら、方針を示す部門では細かい点は決まりません。通常、ITはあいまいなデータは扱いにくいので、方針を詳細にして入力するようになってしまい、実際の運用にそぐわないということになってしまったようです。
　対応を協議し、筆者は自分でやり直すと言ったのですが、上司（役員）は修正すればよいと言って進めていきました。
　もっとも予算管理は筆者の仕事ですし、費用が表立つことも面倒なので、かなりの期間のメンテナンス費用をそのシステムのためだけに充てました。費用的には全体のシステムを開発する以上にかかってしまいました。上司も双方のメンバーを集めて了解を求めるなどしていましたが、終わってからもかなりの不満が出ました。それ以降も変更しているのですが、組合の交渉時に毎回出ました。筆者が会社を辞める時でもまだ問題が残ったようです。

第3章 新しい会社で

なぜ：原因を考えると

　この理由は、よくある例といってしまえばその通りなのですが。次のようなことが重なり合って起きたと考えられます。

（1）システムの性格の問題では、計画（方針）のシステムとも言えます。実績データを単に集計するシステムより難しいのです。担当したSEではもともと無理だったということが第一でしょう。筆者がやっても失敗したかもしれません。自分の理解できる範囲で設計することも重要です。ユーザーの代表の思い込みで、他の方法については考えられなかったのでしょう。それらを調整するのもIT部門の仕事です。前の会社で失敗した例と似ています。
（2）システム自体の問題では、システムの変更が簡単にできるようになっていれば（良いシステム設計なら）よかったとも言えます。筆者は、この会社の基本的な部分についてはシステム設計を自分でやって、早期にベースを作りたかったのですが、結局間に合いませんでした。
（3）管理運営面では、担当者と設計者だけで進めてしまった、報告とか連絡といったことがされていない、といったことが挙げられるでしょう。
　もっとも筆者も、SEをしている時でも、システム内容は上司にあまり相談をしたこともありません。上司が内容について聞こうとせず、「任せた。あとはお前の責任だ」という態度だったのです。筆者も報告がないので駄目だと言わなかったのがいけなかったのかもしれません。もっとも、チェックするとなると週に一回ぐらい会議に入らなければならないと思います。
　見直しになっても、根本から見直せばよいのだが、元からやり直すとなると、基本の方針が正しくないという話になり、面子（メンツ）が立たないし、筆者だけしかできないということになるとマズイという上司の意識もあるでしょう。
　SE自体が、エンドユーザーの言うことをベンダーに伝えるだけになり、自分で考えていないし、考えられない、といったことを含めて、上記のような点が影響しているのでしょう。

情報系1：計画からRFPまで

　会社の方針で、外資100％になると決まり、それまで日本の親会社が開発し自社でも使用しているシステムと同等のものを開発することになりました。一応3年間は現在のシステムを使わせてくれるという条件でした。勘定系のシステムが継続していることもあって、筆者の上司は筆者以外に情報系を任せようと思ったのか、別の者と打ち合わせをしているようでした。もっとも、途中から筆者にやれということになって、勘定系システムの終盤の開発時期と重なってしまいましたが、筆者が担当することになりました。

基本の検討

　費用については、今、実施している会社の資料（ハード・ソフト）を見て金額を作成しました。最初からの打ち合わせに入っていないので、再度聞き直すのもどうかと思い、直接は聞いていません。また、それまでの検討資料も（筆者にすれば）少々ポイントがずれていました。

　会社でも自信がなかったのでしょう。継続して使用させてもらおうとか、とりあえず現在のメインフレームで構築されているシステムはそのままで、自社に導入しようとかいうことを含めて、検討しろと言われました。UNIX（OPEN）だったらメインフレームの70％ぐらいの開発費かなとか、現在ある画面や表の数から、ファイルの作成等の本数を適当に見積もり、ハードもアクセス数等を聞いて概算で出しました。

　また、それまで親会社に支払っている金額等も聞いていたので、それらともあまり乖離(かいり)がないよう作成しました。自分が設計にもう少し入れば（勘定系と同じぐらいに）費用は半分になるという話を上司にして、もし当初の案が通らなければ、ソフトウエアの開発費を1/2にした案でやります、とは言っておいたのですが。

　システムの内容自体は、親会社で今まで実施していることもあり、また検索系

ということもあって、それほど心配していませんでした。もっとも、特にエンドユーザーは勘定系より規模が大きいようにも見え（本当は必ずしもそうではないのですが）、会社の競争力の源泉になる部分でもあり、親会社はメインフレームで動かしているので、なにやら難しそうという感覚が他のメンバーにはあったようです。これに参加したメンバーに、終わり頃に勘定系のシステムに参加してもらったのですが、勘定系の方が難しいと言っていました。

一応、自社で開発する場合の概算の費用はこのくらいということを示して、（日本）社内の了解を取り、より詳細な検討に入りました。

エンドユーザー主体の第1次基本設計

現場から数名の専任者を選んでもらい、当初IT側は筆者一人でスタートしました。「メンバーはプロジェクト期間中は固定して下さい。変わることが障害になることも多いので」とは言いました。

最初は、ユーザーに第1次基本設計ということで、前の親会社のシステムを参考に、入力のパラメタとアウトプット画面の設計をしてもらいました。内容的には照会（検索）系ということ、今まで日本の親会社での実施事項とあまり変わらなくてよいとのことです。

私からは、最初に作成する部分はなるべく絞ってくれということを結構しつこく言いました。追加分はその後メンテナンス予算を十分確保するし、今後どのようなシステムが必要かは、第1次として開発し、使いながらの方がよく分かるだろう、ということで納得してもらいました。早いうちにメンテナンス状態に持っていった方がよいだろうというもくろみもあります。

今までのシステムが追加・追加で作成されていることもあり、機能の重複等もあるということでしたので、数を絞ると同時に、いくつかの機能のまとめもしてもらいました。その結果、かえって使いやすくなったとも、エンドユーザー側は言っていました。

IT側の基本検討：世の中の状況を把握する

　ITの関係では、それまではGUI（グラフィカルユーザーインターフェイス）ではなかったのですが、GUIは取り入れなければ、とは思いました。IT側から見ると、前の勘定系の時はホストの機器はオフコンということで決められていたのですが、今回は必ずしもそうではないだろうということで、「UNIXマシンが使えるかな、クライアントサーバー型になるかな、クライアントはWindowsかな」等と考えつつ、プロジェクトを進めました。

RFP：今回はベンダーから意見を聞くことを主体に

　第1次基本設計が終わってから、RFPを、勘定系の時と同じように、ゼネコン的・独立系・下請け系から1〜2社ずつ5社に出しました。勘定系の場合、かなり感覚的にサイジングなど分かるのですが、情報系はあまり経験がなかったこともあり、ベンダー側から意見をもらうという方向で、自社のIT化の状況を説明するとともに、下記のような趣旨のRFPを作成しました。

　（1）「機器についてはメーカーは顧客関係から指定するが、メインフレーム・オフコン・UNIX・PCサーバーのいずれでも適当と思われるものを想定して下さい」ということで、提案を受ける形にしました。もしメインフレームを使うような場合はテスト用には機器を貸してくれとは言いました。クライアントはWindowsでと言ったのですが、社内にはMACがあふれていたし、同時期に同業でMACをクライアントに使って開発を始めた会社もあり、抵抗がかなりあった気はしています。ただ、その頃のソフト開発の状況を見てみると、どうしてもMACを使う気にはなれませんでした。同業他社も最終的にはうまくいかなかったようです（PCの関係だけではないとは思いますが）。

　（2）「GUIにすることを前提に、ソフト・言語は、ベンダーである程度実績のあるもの、良いと思うものを推薦して下さい」ということにしました。一応こち

らで調べたのですが、3～4種類よく使われているらしいが、まだクライアントサーバーが始まって間がなく、本命もない感じです。ただ、ある言語はCPUの負荷が多い（3～4倍）ものがあるという雑誌の資料なども参考にして、頭には入れておきました。

（3）スケジュールは、もう2年と4ヶ月ぐらいしか残っていなかったのですが、ベンダーを決めるのに4ヶ月ということにして、2年間の予定としました。「その2年を、最初の6ヶ月でプロトタイプを、本番の6ヶ月前から並行ランにするので、それまでに基本的なことは終わらせてほしい（実質開発期間は1年）。その後6ヶ月間、エンドユーザーに使わせて、教育と修正を行うというスケジュール概要で実施してほしい」と言いました。

（4）「テストは我が社で主体的に行うので、ベンダーは、基本的なテスト（ユニットテストぐらい）をしたら、弊社でテストをできるような方法にしてほしい」と言いました。これはだいぶ前に（ユーザーの感覚で）述べましたが、このようなものはエンドユーザーが直接チェックした方が内容が分かるのでよいということが頭にありました。また、システムの性格から、独立して稼動するものが多いので、必然的に総合テスト等は少なくてもよいだろうという気はしていました。

（5）当然、第1次基本設計（の一部）の内容や、パターン別の帳票数、今までの実績から出した使用件数なども提出しました。

（6）概算で基準（プログラム数見積もり、人月見積もり等、方法は任せる）を示してもらうと同時に、ソフトウエア開発費用の見積もりを「提示して下さい」ということにし、こちらから予算金額などは出しませんでした。基準を示してもらったのは、今回だけの特別価格ということを避けるという面もあります。以上のことをベンダーに示して提案を受けました。

プロポーザル：ゼネコン的会社2社に絞る

途中で筆者の意向や他社の状況を探りに来る会社もあり、チョットは自分のところで考えろと言いたくなることもありました。結果は、個々の会社で思ったより違っていました。GUIと言ってあるのに提案に入っていなかったり、ホスト

もUNIX、オフコン、PCサーバーといろいろだったのには、チョット笑ってしまいました。言語やDBMSもまったく多種多様でした。1994年当時で、まだあまり定型的な開発方法が決まっていなかったからかもしれません。

5社から2社選択して、協議を続けました。その2社はゼネコン的な会社になりました。会社のPR的な面もあるし、失敗したら、US本社や、今までの親会社から日本法人の力を疑われてしまいます。また、今回はユーザーニーズは比較的はっきりしているし、今までのソフトウエアの手本もあるし、筆者も忙しいし、情報系の経験が少ないこともあって、筆者はプロジェクトマネージャのような立場で当たることにしました。

当初の見積もり内容はかなり漠然としたものでしたが、2社に絞ってからやや詳細に見積もりをし直しています。結局、ソフト等、かなり標準的かなということと、将来的に最適化のようなことの必要性もあるかもしれないということで、このようなことに経験の多そうな会社を選びました。

契約：分割して契約する

一応最初の契約はプロトタイプまでとし、その後はインクリメンタルに進めるということで、個々のサブシステムごとに見積もりをし、契約・開発することにしました。全体の金額が確定しないという問題があるのですが、内容がもう少し分からないと金額も詳細には分からないので、実情に合わせるということにしました。危険性を伴うとはいえ、なるべく正しく費用負担をしたいとか、実績を反映させたいとか、自分自身のやり方によって、実質的に安価になるという自信のようなものもありました。

第 3 章　新しい会社で

情報系 2：プロトタイプ作成から開発

　US 本社の了解を取りプロトタイプを作成し、プロトタイプの結果をもって再度 US へ説明に行き、了解を得ました。その時ベンダーに筆者の開発方法の英語の訳を作ってもらったのですが、開発方法はアジャイルデベロップメント（俊敏な開発方法）ということになりました。1995 年の初めのことです。そのベンダーがアジャイルをコンサルとして標榜(ひょうぼう)していたせいかもしれません。アジャイルデベロップメントという言葉が IT 関係で一般的になるのは、もう少し後だったと思います（現在言われるアジャイルデベロップメントと内容が同じかどうかは別にして）。

　勘定系と同じで、これ以降は大きな問題はありません。筆者にとってはないのですが、周りのメンバーはシステム開発は初めてで、グループ会社での投資ではかなり大きなものということもあり、かなりの意気込みでした。

US本社の了解からプロトタイプ作成：チョット作戦も

　ベンダーを決めた辺りで準備段階は終わりということで、US 本社へ説明に行き、了解を取ることになりました。説明資料としては、RFP とプロトタイプの計画と、考えられる全体構成の図を作成し、プロジェクト全体ではなく、プロトタイプだけの了解だけでもよいことにしました。プロトタイプまでなら費用もあまり多くないし、プロトタイプの了解を得られれば、その結果がよければそれ以降も進めることに異論はないはずだという作戦です。なお、この頃やっと一人担当者が入りました。

　もちろん、このプロジェクトも何回か US 本社に説明はしているのですが、グループ会社では、個々の会社でこのようなことをする例が少ないというようなことや、グループ会社の個々の投資額では全世界でトップクラス（それほどたいした額ではありません）というようなことも、障害になりました。

　何とか US の了解を得てベンダーと契約し、プロトタイプが始まりました。プ

ロトタイプは典型的な処理と、前に開発していた会社でRDBでは難しいと言われていたものです。特に問題なく5ヶ月程度で終了しました。

システムの基本方針へのいくつかの追加

ソフトウエア的には筆者はあまり関わっていないのですが、次の3点は当初から変更しました。

1つはクライアント・サーバーといっても、毎回オブジェクトモジュール（プログラム）を自分のPCからロードするのではなく、PCサーバーからロードすることにしました。これは筆者の会社ぐらいだと、プログラム変更のたびに各クライアント（PC）にオブジェクトモジュールを配るという作業が大変になると思われたためです。

ディスクに空きがなくて配布できないといった単純な配布時の問題と、初期にはかなり変更が入るということが予想されました。その変更作業がスムーズに進められないのはIT部門の責任です。実行する時に反応が遅くなるのでないかという心配もあり、遅くなったら個々のPCにインストールしようと考えていましたが、問題はありませんでした。

2つ目は、開発はベンダーがしているのですが、メニューは自社で作るということです。これは前の勘定系のところで話したのと同じように、運用面で、自社である程度変更できるようにするということと、ベンダーの開発方法（設計）として、それなりに独立したモジュールとして動けるように作るという思想も浸透するかと思ったからです。

かなり後から、そのメニュー部分をインターネットのブラウザから起動、個々のモジュールも起動できるようにして、擬似的にWeb上で（Windowsだけですが）動いているように見せるようなことができることにもなりました。

3つ目は線形計画法やAI（人工知能）を用いたものですが、この件は別項で述べます。

第3章 新しい会社で

ハードウエア：価格低下と機器の変更

　サーバーはUNIXマシンですが、バッチ＆開発用１台と、本番データ用２台、の合計３台の構成にしました。バッチ用と開発用は機器を分けようかとも思ったのですが、データを追加・作成するとバッチでしか実行しないし、時間も限られるし、元データは限られた業界に売られているものなので、（もちろん横流しなどをされてはいけませんが）セキュリティ上の問題も少ないと思ったからです。

　本番データ用を２台にしたのは、当初はベンダーの薦めもあり、基本的には負荷分散で２台の機器でアプリケーションを分ける計画でしたが、最終的には同一構成２台とし（ハードウエア価格が下がったので）、負荷状況を見ながら、通常は２台で、１台故障した時に１台だけで動かすか、１台で運用し、負荷が増えた時に２台運用にするということにしました。

　結果的に、筆者が在籍している間は通常運用は１台で済みました。一番役に立ったのは、大きな機能追加があった時にバックアップを別途考慮し、その１台を開発用に使用した時です。また、運用面ではかなり楽になったと思います。

　なお、開発期間はほぼ２年間ですが、始まってすぐ開発用の機器を入れ、ほぼ１年たって本番データベース用機器、本番前にバックアップ・負荷分散用機器を入れるというように、ほぼ１年ごとに購入しています。これはもちろん必要に合わせてということもあるのですが、その後、毎年機器の入れ替えを可能にすることも考慮しながら決めています。

開発開始：テストにエンドユーザーの参加

　その後、本格的な開発が始まりました。テストは自社主体で実施するのですが、たまに、ベンダーか持ってきたアプリケーションが箸にも棒にもかからないものもありました。実際の内容を単に仕様書だけで見ている人と、毎日数字を扱っているものの差です。ただ、そのようなものがあるとエンドユーザーの不信を買うので、社内IT部門が第一義的にチェックして、エンドユーザー（の代表のチーム

メンバー）にはそれからテストしてもらいました。

　社内IT部門でテストするといっても、ユーザーチェックの準備を兼ね、インストールして、数回動かしてみる程度です。エンドユーザーの代表にも、「かなり変なもののテストの依頼になるかもしれないが、皆初めてのことでもあり、我慢して下さい」と言って了解を得てはおきました。あまりにひどいのも1、2％あった気はしますが、問題になるほどのことはありませんでした。

並行テストから本番へ：少し遅れたが体制は変更しなかった

　1996年の10月には、全社的にテストの状況が整いました。はじめは本番の6ヶ月前の7月から全社的テストということでしたが、まあまあの線です。3月ぐらいから、7月からの並行テストには間に合いそうもないとは気付いていたのですが、情報系のようなものの性格もあり、1997年初頭の本番はそれなりに自信もありました。もともとこの6ヶ月はスケジュール上の予備と思っていたこともあり、ベンダーも、それまで7～8人のチーム体制でしてきて、人数を増やしてもあまり効果はないだろうという意見なので、人数を増やさないで実行しました。

　F・P・ブルックスの『人月の神話』の「人を増やしても効果はない」というのも思い出しました。一応7月から並行テストを始めるということで7～9月はプロジェクトチームの中で将来の通常運用のような形でテスト（運用テスト）を続けました。最後の本番に近い時期でも、「まだあぶない」などと言って、我々にとっては危機をあおっているのではないかと思えるような知ったかぶりの役員もいたりして、最後まで気が抜けなかった気もします。

生産性：上流工程は重要

　出来上がって、それまで開発していた会社（前の親会社）に見せた時、筆者は費用は他のソフトウエアも合わせ2倍程度に言ったのですが、相手の会社の人はその数倍でもできないだろうと言いました。そんなに違うのは、IT部門の能力がおかしいのではないかというようなことで問題になったようですが、それはさ

ておき、生産性について、次のようなことが言えるかもしれません。

　F・P・ブルックスが16倍の生産性の差があったと言っていたということを述べましたが、それを筆者なりに分割して考えると、基本計画・システム設計・詳細設計・コーディングおよび単体テストの各々で2倍ぐらい差があるとして、2×2×2×2＝16倍ぐらいになる気がします。

　当然ながら基本計画（体制や基本設計）の効果が手数のかけ方に対し、一番大きいのです。このシステムでは、筆者は詳細設計的なことにはまったく関与していないので、基本計画から上流の設計程度までで4～5倍というのがよいかもしれません。ソフトウエアベンダーから言えば、ベンダーの能力が高かったということかもしれないし（最初なので少し安くしたという意見はだいぶ後から聞きました——本当かどうかは別として）、エンドユーザーは、エンドユーザーの能力が高かったからと言いそうです（そのように思っているでしょう——思わせておくのも重要です）。早い段階に力点を置かないと影響が大きいのです。

　ただ、良い基本設計ができる人が集められるのかということも問題です。それなりの能力バランスの上でプロジェクトを進めざるを得ず、プロジェクトマネジメントが重要ということを否定はしないのですが、重要なのは基本的な考え方です。

エンドユーザーから

　エンドユーザーのチームのサブリーダーの感想は、「最初に機能を絞れというのが効いた。もう1つはベンダーの選び方が良かった」というものでした。「システムの開発に関係する要素の多くがうまくいかないと失敗する」というのが私の感想です。

　しいて言えば、今回の場合、親会社でかなり使い込んだものなので、自社でかなり変更したものの、全体構成がかなり分かっていたことと、プロトタイプ等のプロセスを通じてベンダー側もシステムの全体構成の検討に時間をかけたのが良かったのではないかと思います。

　エンドユーザーは結構燃えて作業してくれました。大きくない会社ながら、TOPの会社と同等と言えるようなシステムを作りたいという気持ちも強かったのです。

最適化問題:問題定義の重要性

　情報系のシステム開発の終盤から、最適化のテーマがいくつか出てきました。最初の会社で筆者が東京に出てきた頃(85年ぐらい)から、人工知能(AI)論議が盛り上がってきており、昔のことも思い出しながら、興味は持っていました。人工知能というよりエキスパートシステムの議論も盛んで、三段論法式の考え方などにも興味がありました。今回のテーマの多くは筆者の知識では解決は無理とも思い、そのような方面の専門のコンサルタントに依頼することにしました。選択時に考慮していたベンダーがかなり優秀なコンサルティング部門を持っていたことも役に立ちました。

テーマ1:線形計画法を利用して

　最初の1つは、エンドユーザーが表計算ソフトの最適化ルーティンを利用していたこともあり、線形計画法で解けそうな気がしましたので、昔のことを思い出しながら、説明して開発してもらいました。もっとも計算方法はどこかに書いたものがあるだろうということで説明しませんでした(説明できませんでした)。

　担当のSEは本を読んで自分でプログラムを作ったと言っていました。自分自身としては、そのようなことはかなり経験がたくさんある会社のはずなので、自分で作らずに他から探してくればよいと思いましたが、大手の会社なのにそのような共有も図られていないのか、とチョット残念な気もしました。

　後になってから、その担当者も他の部門で多くの開発実績があったと言っていました。ただ、他の部門で使ったソフトは、その時の得意先などとの関係があり、使ってはいけないと考えた様子もあります。それほど気にするような技術ではないとは思いますが、これらもシステムの再利用という点ではいろいろ難しい問題もあるかもしれません。線形計画法の部分が独立したプログラム(システム)になっていなくて、得意先のために作成したことを含めて、単独で使用しにくかったのかもしれません(今でも私が30数年前に経験した状況とあまり変わらない?)。

テーマ2：AI（人工知能）を利用して

　次のテーマは、本当に AI（人口知能）を使った方法でなければできないと思えたので、ベンダーのコンサルティング部門の専門家に頼むことにしました。これは最終的には間に合いましたが、予定よりだいぶ遅れてしまいました。もっとも自分でこれくらいでできてよいと考えたスケジュールに対して遅れたのであって、目立たないようにしてはいます（最初から遅れを見込んでいるのです）。

　この時感じたのは、遅れた原因は、問題がはっきりしなかったことだと思います。まるで、試験で問題がはっきりしないのに、問題を解こうとしているような気がしました。エンドユーザーは自分の思っていることを話しているのですが、エンドユーザーが問題を解く方法を考えているようでした。

　AIのコンサルタントも分かったというような言い方をしています。コンサルタントは優秀な方ですが、最適化の方法を提案した後に、エンドユーザーからこれは違うという指摘を受けて問題の捉え方が"少し"違ったというようなことを繰り返し言っていました。

　筆者もある程度気付いていても、少ししか注意しなかったのは、エンドユーザー部門もそれまでのシステム開発から自信が付き、自分たちで大丈夫だと思っている様子が見られ、少し任せてみようと思ったこともあります。最初の最適化問題なので、少し期間的に余裕をもって進めていたこともあります。筆者も IT 部門は少し身を引いて、エンドユーザーとベンダーとで主体的に進める体制にしたかったこともあります。

　一番の問題は、この情報系プロジェクトをする時に、それなりの（普通の会社ではかなり少ない）要員の要求をしたのですが、それも無理で、最小限の要員しかいないので、仕方がなかった面もあります。次の同様のシステムの時には、完全に遅れてしまいました。

問題定義の重要性と社内IT部門の役割

　情報系のシステムではベンダーのシステム開発部門とシステムの開発をしてきたわけですが、コンサル部門が入ってきて感じたのは、コンサル部門をシステムの開発部門のように捉えてしまうのがいけなかったことです。筆者はまだ問題の定義がはっきりしないとは言っているのですが、先ほど述べたように、コンサル部門もエンドユーザー部門もこれでOKというような気になります。そうすると、ベンダーのシステム部門もこれでよいだろうという気になります。多分、筆者のような社内IT部門か、ベンダーのシステム部門が問題の定義付けをするべきだったと思います。

　プロブレムソルビング（問題解決）と言われています。プロブレムが定義できれば解決は早い（解決できたようなもの）ということが言われるように、問題の定義づけは重要です。そしてその役割は、IT部門（ユーザー企業、ベンダーにかかわらず）が担わないといけないというのが現状だと思います。ITリテラシーのようなものが備わってくれば、エンドユーザーでもOKなのかもしれません。ITリテラシーというのはそのようなことだと思っています。ただ、IT部門の専門性はそのようなこと（問題定義）にあるという気もします。

　エンドユーザーにすれば、「こんな簡単な、自分たちが毎日していることが分からないのか」「このようなことは、コンサルタントは分かっているはずなので、解法が分からないのではないか」と思ってしまうのかもしれません。

　最適化のような問題についても、外部のコンサルタントに頼むにしろ、何らかの形で、解決方法やある程度の見積もりができた方がよい気はします。その時に最低限問題を定式化できればよいのに、と思います。そうすれば、解決方法は探してくることができると思います。

費用

　このような問題については費用の見積もりが難しいという気もしました。これ

こそ、効果に対する報酬といったような見積もりをベンダーとしてはすべきと思っているようでした。そうすると、効果は会社規模によっても変わってきます。こちらは、必要な人件費基準でもよいのでは、とは言ってみるのですが、ソフトウエアだってユーザー数によって変わってくることもあり、なかなか難しい問題だとは思います。

コンサル部門とシステム部門の分担

　なお、今回はアウトプットの開発などについては、システム部門ですので、あまり問題はありません。ただし、インターフェイス等については、早く決まればシステム部門の範疇は先に進められ、テスト等がしやすいとは思うのですが、コンサル部門がかなり出来上がらないとインターフェイスも決まらないということで、遅れている感じがしました。ロジックのテストではコンサルタントのプログラムを使わざるを得ず、システム開発部門のプログラム（システム）ができていないという不便もあります。多分、問題の定義づけがしっかりできていれば、システム部門の開発も早くでき、テストももう少し順調にいった気がします。コンサルタントの使っている言語が、SEが使っているものと少し異なる点などもあり、間違いの元となったこともありました。

その他引き継ぎ問題など

　その後、問題になったのは、コンサル部門のメンバーやノウハウの引き継ぎでした。コンサルタントもはじめは助手と一緒に開発してきたのですが、次の時は一人になり、その人が病気になったこともあって、かなり心配しました。純粋なロジック部分だけなら変更もあまりないとは思うのですが、当社の実際とも結びついている部分もあり、本人でなくてはできない状況になっていました。コンサルタントがプログラムを作らない方がよいと思いつつ、仕様だけ書いてSE/PGに書かせるのではかなり遅くなるとも思います。

一人一台のPCへ

　情報系システムの開発計画を立てる時に、システムを全員に使ってもらうために、一人一台のPCが望ましいという意見が出ました。情報系はそれまでは10台ほどのダム端末＋PCを一箇所に並べて、エンドユーザーはそこに来て作業したり、他の人に実行してもらっていました。自分で操作しなかったり、移動して操作していては、使用回数も減り、効果も半減するという意識が、それまで事務局となっていた部署（エンドユーザーの代表）にも強かったのです。

　IT側としては、PCを一人一台にすれば、当該システムだけではなくメールや表計算やワープロ等全社のOA化も進み、早い機会にそうできれば、ITとしても他社より進んだ状況になると考えていました。そこで、情報系の開発の予算で一人一台のPCを何とか工面して、実行することにしました。最初に述べたPCの導入の第3段階の時代です。

　それまでは、全社の40％ぐらいでしょうか、PCは偏在する形で導入されていました。機器もMACが70％ぐらいだったと思います。情報系のシステムはWindowsでしか動かないので、必要な部署は変えなければならないということも分かっていたのですが。

導入計画や機器の共有

　一応OAの担当者がいて、PCの導入とか教育サポートをしているのですが、当初はどうしても予算上全員に導入することができません。そこで、「例えば二人に一台にしたら全社的にどのような配置になるか、考えては」等と言ってみるのですが、感覚的に考えられないようです。そこで、導入の要望があった部署の全員に入れ、予算がなくなると、もう終わりなどとなってしまうことがしばしばありました。

　もちろん、全社で早く一人一台になれば問題はないのかもしれません。もっとも、使い方という点では、将来的にも一人一台にならないものについても同じよ

うなことが言えるのです。プリンタをはじめとして、スキャナー等もグループ単位でしか入れません（それ以上に必要はありません。場所も無駄）。PCの共有を考えられない担当は、スキャナー等の共有への対応が悪いのです。

考えられなくなると、「ネットワークにつなげるスキャナーを使えば誰でも自分自身で一台持っているのと同じです」とベンダーから言われ、その通り実施してしまいます。そのようにすると、ネットワークの負荷がオーバーして通常のメール等が遅くなってしまい、使えなくなったりします。回数も限られるし、どちらにしろ、スキャンするものをスキャナーまで持っていかなければならないので、動く時間も同じなのですが、そのようなことにも気がつきません。

このような時に、IT部門からの計画が重要です。個々の部門ごとの必要性や効果・運用方法を考慮し、優先度を決めることです。共通に使用した場合の問題点や、使用方法を明らかにしておくことです。そのための予算も明らかにしておけば、経理もその範囲内で了承されるものです。

ネットワーク

PCを一人一台にすると、ネットワークがより重要になります。ネットワークも当然ながら、機器がダウンした時の対策とか、一部の変更が全体に影響が与えないようにするとか、メンテナンスを考えるとか、もちろんなるべく安価にするとかの設計が重要です。それらを考慮し、LANの配線も幹線と支線に分けようとか、最近は論理的なネットワーク構成ができるのですが実際に流れる情報量等物理的な面も考慮しなければいけないとか、ネットワークのみの担当はあまり分かっていない気がしました。

ネットワークの担当ばかりさせておくのは問題だし、もしかしたら社内IT部門のネットワークの担当者にも、簡単なシステム開発をさせた方がよい気がしました。ネットワークも、実際の配線作業は業者がするので、ベンダー任せになってしまうことが多いようです。でもシステムを開発するのと一緒で、社内の状況や、今後の方針・要望等をよく伝えられないと、ベンダーも良い設計ができません。

PC教育1：ファイリングから教える

　PCを導入する時に重要なのは教育だと言われます。PCの導入目的を話し、OS関連（電源入切やファイル管理）の教育をし、メールやワープロとか表計算の教育をしていくというように進めるのですが。

　ファイルを保存します。その時に単に「名前をつけて保存」、「フォルダーを作って保存」があり、その方法はこのようにします、と言ってもなかなかユーザーは理解していません。最初はとりあえず何でも使ってもらうということもあるのですが、しばらくすると、ファイルがどこにあるか分からない、といった質問が来ます。IT部門としては、ファイルの検索機能を使って探すことはできるのですが、別な教育が必要ではないかと思いました。

　OSや、ファイル管理の操作方法では、筆者はよくファイリングの話をします。重要なのはフォルダーとかライブラリ、ファイルといった概念です。「皆様が書類をファイルする時に、一枚のシートをファイルに入れ、それを集めてボックスファイルに入れ、それをキャビネに入れますね。その時のファイルはプロジェクトごとなどにしていますね」といった話をして、フォルダーの作り方は、といった話をします。また、「ファイルやフォルダーを年月ごとに作るのは、あまり考えずにできるし、必ずしも悪くありません」等、野口悠紀雄先生の袋ファイリング（紙の袋を使ってファイリングを行うこと）等も交えて話します。

　現在、Google等の台頭に見られるように、検索に日の目が当てられています。それらのシステム（ソフト）を利用するのも重要ですが、ファイリングの基本といったことは理解していた方がよいと思います。もっとも、教育の担当者にはそのようなことを最初は教えておくのですが、引き継がれて後々まで守られることも少ないようです。特に対象が初心者の教育は、それまでに概念的に理解しているものを元にして話さないとなかなか理解できません。教える人が、それらの基本を理解していることが重要だと思います。

PC教育2：アプリケーションの起動方法から考える

「アプリケーションの起動は、ファイルをダブルクリックすればワープロが開始されます」などという説明だけで終わってしまったのか、ファイルに拡張子がないデータもあり、「どのようにして読むのか」という質問を受けて困ったことがあります。筆者が教育する場合、「ワープロのプログラムの開始方法はこうこう」「メニューの『ファイル―読み込み』で読んで下さい」「簡略化する方法として、ファイル名をダブルクリックする方法もあります」というように話します。原理・原則をある程度教えて、簡略化はこのようにするということでないと、単に操作だけを教えると問題を起こします。このようにしていけば、自分でメニューからしたいことを探すというようにもなります。

この件はオブジェクトとしてどのように考えるか、何をしようと考えて、対象のファイルはどれと考えるか、といった思考方法の問題があるのですが、この項のテーマとは別と考えて下さい。しいて言えば、両方の考え方が分かって教育ができればよいと思います。

IT部門として

これらのことを通じて思うのは、人の資質の問題もあるようです。例えば前に述べたOA担当は共同作業が下手なのです。人に仕事を押し付けるか、箸の上げ下ろしのようなことまで教えてもらえばできるような人なのです。

もう1つは、基本を理解するということでしょうか。単に理解しているだけではなく、説明できるということが必要なのだと思います。ファイリングの概念とか、グループで作業する方法などです。

そのような意味では、企業で教育するというより、学校教育ですべきことかもしれません。情報リテラシーといった観点からも、よく考えないといけないと思います。「教育をする人の教育」が重要かもしれません。

一人一台のPCが普及して

　一人一台のPCが普及することはよいのですが、全員になるといろいろな問題も生じます。障害に対する対応や、PCの使用が必須になった時の使えない人への対応や、もっと良いものをほしがった時の対応等です。

メールで

　メールもだんだん進んでくると、500人ぐらいの会社でも同姓同名が出て、アドレスのつけ方に工夫したり、目の前にいる人にメールを出したりとか、自宅でチェックするために、会社のメールを自宅のアドレスに自動転送したりとかいうことが起きます。その上に自宅のメールを会社のメールアドレスに転送して、無限に繰り返し、自宅も会社もメールボックスが一杯になったり、メールシステムの負荷が多くなり、動かなくなった、などという思いがけないことも経験しながら、対応を検討していきます。現在は自動転送をエンドユーザーがセットできないことが多いとは思いますが。

ディスクのほとんどがメールのデータになる

　エンドユーザーからディスクの容量が足りないと言われて、ディスクを調べると、メールのアーカイブ（保存データ）がディスクのかなりの部分を占めているといったことが起こります。IT部門のOA担当に、アーカイブ方法を教えたかというと、「教えました。マニュアルはこうです」などと言ってくるのですが、削除する方法とか、メールデータを分割して保存する方法は教えたかと言っても、不思議そうな顔をします。分割していないと、機械が変わる時に、移動できないかもしれないのでは、等と言うのですが、なかなか理解を得られません。事実、PCの変更時や障害のリカバリィ（復旧）に時間がかかるようになります。データを移動するのに時間がかかりすぎたり、空きが少なくなりすぎて操作が複雑に

なったり、データの検索にも時間がかかるようになります。

使えない人とよく知っている人

　メール等、今の時代、誰でも使えなければということになるのですが、それでも使えない人は出るものです。それも上位の人が多い。秘書に任せてしまうという方法もあります。そのような点では、それなりに能力のある人を雇用し、育てることが重要かもしれません。最近はPC使用可能な方という人材募集広告もよく見ます。

　感覚的には、IT能力で下から10％と上から10％の人は無視（別扱い）です。下の10％の人は、他の人に代わってもらうか、個別指導を丁寧にするより仕方がありません（たいてい両方）。IT理解が上の10％の人は、よく分かっていて面倒なこともあります。「このようなことをしたい」とか、「このようにすればできる」と言ってきます。会社のITの方針を話して納得してもらいますが、勝手にされたりすることもあり、難しいものです。

最高のものを望むユーザーとIT部門

　何か購入しようとする時、最高のものを望むユーザーやSEがいます。「最高のものを買ったのだから、問題がないはずだ。問題があっても最高のものだから仕方がない」という意識が働くのでしょう。責任逃れにもなります。

　ただ、多くの場合、そのようにするのは失敗でしょう（失敗が目立たないことも多いですが）。何が必要かを検討して、それでも必要だから最高のものをというのはまだ分からないでもありませんが、多くは事前検討が足りないのです。基本的な評価要素などを押さえていればよいのですが、ほとんど検討にもなっていないことが多いものです。

　筆者はそのような時に、どちらかと言えば安価なものを買う（買わせる）ことが多かったです。ユーザーには「問題があれば、高いものに買い換えます」とは言っておきます。使ってみて、その間に弱点とか、評価要素が分かり、また、工

夫が行われます。プロトタイプ的に進めるのと同じです。
　メモリィなど追加の余地があるかどうかを考慮したり、世間一般で多く使われているものをチェックして機器を決めることもあります。予算がある限り高いものを買うという発想の人もいますが、このようなことは経理の支配を招くことにもなります。最高のものを購入した場合など、予備機等の準備も忘れるものです。

ノート型での問題

　PC の導入もしばらくするとノートブック型が主流になりました。ノート型にすると、次のようなことも気になります。レジューム機能（パソコン等には止める前の状況を保存し、再稼動の時すぐ可能にする）があるのですが、オンラインでアプリケーションを使っている時など、途中で切れると問題が起こる可能性があります。筆者は、エンドユーザーには必ずネットワーク等を止めてから閉めてくれと言い、IT 部門の PC の担当にも話します。ただ、アプリケーションやネットワークの担当には途中で切れても OK になるように、と言います。これも矛盾かもしれませんがいたし方ないことです。
　自宅に持って帰り、Internet に接続し、ウイルスに感染し、会社でつないで、会社の何台かに広まるなどということも経験します。ただ、ネットワークの担当は意外に、どこを切り離すとかいった対応がよくありません。

バックアップ

　ノートブック型は、デスクトップ型に比べて壊れやすいのは仕方がない面があります。外部に持ち出す時はバックアップをとるようにと言うのですが、それを徹底させるには、何台か壊れないと IT の担当者も本気になりません。
　当初、バックアップは CD に書き込める装置を貸し出しにして、CD-R にバックアップをとっていたのですが、筆者が辞めた頃、書き込み用の CD 装置を標準装備にしたらしい。最初に PC が入った頃、フロッピィディスクの持ち出しを禁止した会社もあったこと等を思い出しながら、セキュリティ上問題があると思い

ました。
　データはメールでも送れるのですが（今はそれらを禁止する方法もあります）、大量データを簡単に持ち出しやすくするのは問題だということに頭が回らないIT部門ではいけません。外付けのCDドライブを貸し出しにしたのは、他の人が見ているからセキュリティ上も大丈夫ではないか、ということもあったのです。

普及してからのソフトのバージョンアップなど

　パソコンに限らず、コンピュータのソフトにはバージョンアップがあります。大型コンピュータ等はかなり慎重に予定を組んで進めるのですが、パソコンでも台数が多くなると計画を組んで進めなくてはなりません。最初にするのはテストです。自社で開発したアプリケーションとかOSと、異なるメーカーのソフトで社内標準としているもののテストです。また、新旧のバージョンが並存した時の動作などもチェックします。
　対応としては、社内のPCの環境は極力同じにしておくということが基本です。筆者のPCにOSをインストールさせたことがあるのですが、いろいろな都合でフォルダー名を違えてインストールしたことがあります。それで動かないことはないのですが、インストールし直させるなどということもありました。
　今後はインターネットのソフト上で動くアプリケーションを増やして、ここで述べたようなことは簡略化する方向になるとは思いますが。

社内のIT部門として——いつも障害対策や変化対応を考慮する

　結局、企業内ではいつでも変化への対応とセキュリティを考えておくということでしょう。個人でも必要なのですが、その場合は個人の責任になります。しかし、企業の場合はIT部門の担当の責任になります。また、全社一緒に対応すれば、コスト的なメリットもあります。
　その場合、想像力も重要です。このまま進めたら何か問題が起きるのではないか、という推定です。これは別にPCやITに限ったことではありませんが。

ソフトウエアベンダーの利用について考える

　筆者の2度目の会社での実質的な仕事は終わりに近づきました。最初の会社と2度目の会社での大きな違いは、最初の会社ではほとんどを社員で実施していたのですが、2度目の会社ではソフトウエアの開発やメンテナンスを外部のベンダーに任せたことです。

　ベンダーに任せたりする時に社内のSEが単にエンドユーザーの言う通りにベンダーに伝えてしまう問題点についてはすでに記しましたが、他の問題点はどうなのでしょうか。もちろんベンダーを使うことが悪いことではありません。むしろ必要なことでしょう。専門性やコストの点からベンダーを使わなければならないとしたら、どのようにしたらよいのでしょうか。ベンダーに頼るにしても、その方法が重要です。

　気になる点を挙げます。別にITということでもなく、ごく一般的なアウトソーシングの問題点と変わりないようにも思います。

効率の悪さ

　ベンダーの利用で第1に気になるのは、効率の悪さです。生産管理システムの時に、ベンダーのSEにプログラム仕様書を書いてもらい、プログラムまで作成したのですが、こちらの思ったのと感じが違うのです。そこで筆者が仕様を作成し、同じプログラマに書かせたのですが、プログラムのライン数も1/3程度になってしまいました。筆者の外部のSEへの頼み方も悪かったのかもしれませんし、筆者の効率が良かっただけなのかもしれませんが。

　なお、このプログラマは、筆者の会社でだんだん外部の人を使った方が種々の面で良いということで、プログラム兼オペレータとして派遣してもらったものですが、その頃にはだいぶ慣れてきていて、非常に重宝していました。

　外部のベンダーにとっては、ある程度自社のシステムの仕方に慣れるまでに時間がかかります。同時に、当社で必要な最小限のことといった感覚が分からな

かった気がします。よくパッケージを開発すると、社内システムを開発するのに比べて数倍（〜10倍）になると言われます。自社のものでも、パッケージと同じような作りになってしまうのかもしれません。外部の人にしてもらうと、いろいろなことを考えすぎるような気がします。考えるのはよいのですが、システムとして組み込まなければいけない機能の見極めが難しいのかもしれません。

再利用性などもあまり進まなくなるかもしれません。進めてもベンダーの仕事が減るだけという言い方もできます。ベンダーもそれなりに努力していることも多いのですが、徹底的にということは難しい気はします。

インフラを考えるのは難しい

システムの基本のようなことをベンダーと一緒によく考える必要があると思いました。企業そのものや、現状を理解することが難しいし、自社で使っているものを推薦してしまうのも当然かもしれません。

最初の会社では、ベンダー（ハードウエア）から、IT自体の全体的な方向とか、注意すべきことを聞いた上で、企業内IT部門が考えていました。

次の会社では、いくつかの選択肢を示したり、ベンダーの考え方を聞いて、自社に合うと思える会社を選びました。

最初の基本的な部分を中途半端にせずに、自分の納得するところまで検討することは、その後にも関わるので重要だと思います。

システム間連携を考えさせるのは難しい

複数システムの連携などについても難しい気がしました。もちろん、全システムを同じベンダーに任せれば、もしかしたら良い連携が図れるのかもしれません。2番目の会社で、勘定系と情報系のデータの連携が必要になることがあったのですが、社内のIT部門がある程度主導するようにしないとうまくいかない気もしました。もっとも、社内ITの説明能力の問題もあるし、双方のベンダー同士で話し合わせるべきだったかもしれませんが。

ベンダーはハードウエアやミドルウエア等のソフトウエアの仕様は分かっていても、仕事の関係等の理解は難しい場面が多い気がします。もっとも複数システムの独立性と、連携の問題は、社内のSEでも難しい面もあります。

システムの内容が社内で分からなくなる

　自社内でエンドユーザーの言うことの中身を吟味しなかったり、エンドユーザーの言うことをベンダーに伝えるだけになってしまうこともあります。自分でプログラムを書かないので面倒なこともあり、そこでベンダーにあまり考えずに回してしまうこともあるでしょう。結果としてシステムの開発変更等がベンダーの言いなりになってしまい、その結果、自社で内容が分からなくなるのです。工夫したり、自社の状況を反映されたりということが少なくなってしまうことにもなります。

　その結果、ベンダーを換えようと思ってもできず、またベンダーの意向に支配されてしまうことになりがちです。また、システムの改善等も進められなくなることもあります（ベンダーは全部作り直そうと言い出したりします）。ベンダーも自分の仕事が増えるのですから、あまり必要ないなどと言わないものです。

　基本的なチャート等をもらうのですが、ベンダーの作成するものは詳細になりがちで、読み解くのが難しいものです。自社で分かりやすく整理しておくことが必要なのでしょう。もっとも、契約などをしっかりしておけば、仕様書などはベンダーの方が上手に作成するものです。

企業内IT部門

　今後はハード・ソフトとも、複数ベンダーということが当たり前になってくると思われます。各社の得意不得意もあるし、オープン化により、やりやすくなりますし、またそうせざるを得ない状況になっている面もあると思います。

　ベンダーからの要員に開発やサポートを任せてしまう場合は、全部自社でまかなっている時よりしっかりしなければいけないということかもしれません。ベン

ダーは仕事だと言って指示されたことはこなそうとします。ただ、会社の方針からはずれていたりということも起こる可能性があります。エンドユーザーから直接頼まれたような時は余計にそのようになってしまうようです。

システム内容についての理解は、エンドユーザーからの要求仕様に合っているということだけでなく、仕組みやプロセスなどについて、社内IT部門として理解できるようにしておくことが重要だと思います。

派遣の人の残業の問題などもよく考えないと、派遣のメンバーの方がどちらかと言えば弱い立場なので、後から問題を起こすこともありました。また派遣と請負の違いや管理方法なども考慮しておく必要があります。

ベンダーの選択

ベンダーを利用するのは、最近の状況では仕方がないとも言えます。では、どのように選択したらよいのでしょうか。結局、まず自分自身の会社なり、望んでいることを真摯にRFPにして示し、いくつかのベンダーに当たるということでしかないのかもしれません。あまり自社を良く見せようとするのではなく、自社の実力を含めて相手に伝えるということかもしれません。

前にどのコンサルタントを選ぶかを相談するコンサルタントが必要だと書きましたが、必要に応じて、自社の状況把握のために、コンサルタントを使った方がよいのかもしれません。それでも自分で考えるということを忘れてはいけないのだろうと思います。

最近、SWOT分析やBSC（バランススコアカード）などが一般的に行われるようになっています。SWOT分析とは、企業の戦略構築の際に使用される分析手法で、外部環境や組織を強み（Strengths）、弱み（Weaknesses）、機会（Opportunities）、脅威（Threats）の4つの観点に分けて確認・評価することです。BSCの方は、戦略・ビジョンを4つの視点（財務の視点・顧客の視点・業務プロセスの視点・学習と成長の視点）で分類し、その企業の持つ戦略やビジョンと財務的指標、および非財務的指標の関連を明らかにして戦略を策定する方法です。それらにより自社を認識し、自分の希望を伝えることが第1なのだと思います。

外資系企業の経験から1：言葉の問題を考える

2度目に勤めた会社は外資系企業の日本支社です。そこのIT部門（部門といっても純粋なIT担当は最初は筆者一人でしたが）で10数年仕事をして、気がついたことを少し述べます。TOPに外国人が多いことからも、全世界共通の情報のシェアという観点からも、言葉（言語）の問題は重要です。他の外資系企業の日本支社では、世界共通ということで標準を押し付けられるという話も聞きました。

ただ、同じ民族でもいろいろな人がいるのですから、相手に合わせてシステムを作成するということでは、別に外資系ということに限らないとも言えます。もっとも、言語以上に習慣や国民性等の観点からシステムが変わるという気もしました。その件は次に述べるとして、最初は言語に関する問題です。

単純な言葉の問題

当たり前かもしれませんが、最初に難しいというか面倒なのは、言葉の意味の違いや、日本だけ、あるいは外国だけにしかない言葉の問題でしょう。システムエンジニアという言葉は英語にはない（全然ないこともないようですが）といったことはかなり知られているかもしれません。私たちがよく開発量の目安として使うステップ数は英語ではライン数と言うなど、英語だと思っていたのが違っていたということもあります。

ただ、英語で言い換えればよいものはそれほど問題ではないのです。困るのは日本で使われている言葉と概念が異なるものです。例えば、MISという言葉は日本で言われているより広い範囲（基幹系全部ぐらい）を指す気がします。IT部門をMIS部門と言っているような企業もありました。

筆者がMISというのを、マネジメントが種々の情報を検索するというような意味だと話したら、英語でいうとAd hoc inquiryかな、ということになりました。このように、言葉の概念が日本と欧米とで異なるというのが一番問題なのかもしれません。

また、社内にはこれらを利用して、「海外のメンバーが欧米流の MIS をしろと言っているので、（日本流の）MIS をしよう」などといって収拾がつかなくなるようなこともあります。筆者は個々について簡単に概要が分かるようなものを作成しました。以上のようなことは外資系に限らず、IT のこと全般を他の人に分かるように説明する場合はいつも言えることだと思います。他の部門でも同じことでしょう。

　もっとも、経理等ですと、俺の言ったようにしないとお金を払わないというようなことになるのですが、IT 関連では、分からないようなことなら開発しなくてよい、今までのままならそれでよいということにもなりかねません（特に最初の開発時は）。

言葉の問題を誤解する

　もう 1 つ問題だったのは、現場とのコミュニケーションでうまくいかない場合があることです。現場から仕事の内容を聞くのですが、上手に仕事内容を聞くことができないことでしょうか。普通でもエンドユーザーが上手に説明できないという問題はあるのですが、それ以上に外資系という問題があります。

　こちらが聞くと、英語が分からないから聞いていると思われてしまうようなことがエンドユーザーの意識にあるようです。アカウントペイアブルというのは何か、と聞いても、買掛金だよということで済まされてしまいます。別に日本の企業のシステムでも、買掛金とは何か、と聞くのですが、英語が分からないので訳のみを言えばよいと思われてしまうことがあります。

　アカウントペイアブルと買掛金でも内容は違う気もしますし、会社によって仕事内容は皆（といってよいほど）違うので聞いている、ということを理解してもらう必要があります。

英語に詳しい日本人

　同じようなこととして、外資系なので英語に詳しい（と思っている）日本人が

多いのも問題になることがあります。最初は経理部門に属していたことも原因としてあるのですが、デフォルトと言ったら債務不履行かと言われ、マニピュレーションといったら不正操作かなどと言われます。リライトといったら、書き直してしてしまうのかと言われて困ったこともあります（アップデイトならよいとか）。

個々に説明していく努力が必要です。筆者が学生の頃の書籍に、デフォルトを暗黙想定、シミュレーションを模擬実践、と訳したものがありました。最近はデフォルトを初期設定と訳そうという案のようですが、暗黙想定の方が筆者にはしっくりきます。もともとの言葉が日本語になかったようなものは、やはり訳すのも難しいのでしょう。明治の初め頃、いろいろな訳を作った人はものすごいと思いますが、ネイティブの欧米人とは理解が違う気がします。

英語が本当にできる人は、多分（このようなことに詳しいわけではないので、当て推量です）、原語から感覚的に理解しているような気がします。普通に学校で英語を習った人は、辞書を引いてもその時に必要な訳を知るだけで、その言葉の本質まで届かないのかもしれません。

昔、英語の授業で言語の元の意味から考えろと言われたのを思い出します。子供の頃から英語に親しむのはそのようなことの解決になるのかもしれません。もっとも、子供の頃は日本語を一生懸命やらないと中途半端になるという意見もある（筆者はこちらに賛成かもしれません）し、日本人に対して説明するのも難しいのですから、個々にブレークダウンして説明するより仕方がないのでしょう。

各国語対応の自動化

外国で作成したソフトに自動的に日本語対応ができるものがあります。多くの場合、画面上の項目名を自動的に英語から日本語に変換してくれるようです。ただ多くの場合、日本語訳が駄目です。もし外国のものを使うなら、画面上の名称は英語のままの方がよいと思います。もちろん、入力データ等は日本語でOKだと思います。

印刷も基本的にOKのはずです（時々ずれるのがありますが）。外部へ出す資料は項目名も日本語でなければならないと思いますが、そのようなものはどちらに

せよ自動ではうまくいきません。筆者は勘定系においては日本人相手で、自社で作成するにもかかわらず、項目名は英語にしました。

　2ヶ国語に対応できるシステムを作成できないかと考えて、画面の項目名のアウトプットも変数にしてファイルから読み込むようにし、日本語と外国語の場合、読み込むファイルを変えるというようなことをしたいと思ったのですが（例えば、日本語では「買掛金」、英語国では「A／P」と表示したいソフトがある場合、プログラムでは koumoku1 などとしておいて、日本語 Table には「koumoku1："買掛金"」と登録し、英語テーブルには「koumoku1："A/P"」と登録しておけば、日本語テーブルを読むか、英語テーブルを読むかを指定するだけで画面が変わるようにできるとよいと思ったのです）、かなり手間をかけないといけない面があってできませんでした。最近の開発ツールや画面の作成ツールのようなものを利用すると、項目名称を変数にするのが難しいこともあったのでしょう。

　情報系では一部のアプリケーションの画面を英語に直して作成し直しました。項目名と一部のテーブルを作り直して実施したのですが、当初から英語用を作る可能性があるとは言っておきましたし、変数名などは英語（ローマ字）にしていたせいもあり、それほど時間は必要ありませんでした。

その他：外国人用（外国語）PCやソフト

　外国人に与えるPCも少々問題を引き起こします。言葉の問題の変形かもしれません。デスクトップのPCなら、キーボードだけ英語用にする方法もあるのですが、ノートPCを標準にすると、PC本体を英語用にしてくれという要望が出ます。また、ソフト自体も英語用を入れなければなりません。予備用も用意しなければならないとか、なかなか正規の方法で手に入らないこともあり、USで購入して送ってもらうといったこともありました。

　もっとも、アジアの別のグループ企業で買って持ってきた等ということもあり、その機械の所有者が誰か等ということも含め（企業間で費用を付け替えることもあります）、面倒なこともありました。他の外資系の会社では、日本語版を渡すところもあるようです。

英語版のソフトでも日本語版でアルファベットのみ使用した文書の表示はできるのですが、バージョン X.Y でなければいけない等ということがあり、世界のグループで使用しているソフトのバージョンを挙げてくれなどと依頼することもありました。スペース（空白）が問題で、日本語のスペースと、英語のスペースが見た目は同じなのに中身は違うなどということにも悩まされました。

第3章 新しい会社で

外資系企業の経験から2：システムの違いを考える

　言語の問題は当然として、契約概念の違いとか、同質性の強い日本とは違う信頼度のようなもの、欧米の人間の能力分布のようなもの、仕事のスタイルの違い、それらから来るシステムの違い等も、気になりました。同じことをするのに日本人と欧米人で異なるシステムにしなければならないのか、という問題です。もちろん税制等の異なるシステムでのことではありません。

能力分布の違い

　この問題は少々深刻かもしれません。欧米で作ったシステムと日本で作ったシステムの画面を一見すると、日本の画面の方が複雑です。複雑というより情報をたくさん詰め込んでいる気がします。欧米のものは画面がシンプルで、日本と同じ情報を見るのに、簡単な画面で遷移(せんい)が多い気がします。
　この理由として、筆者としては、IT利用において欧米人の能力分布と日本人

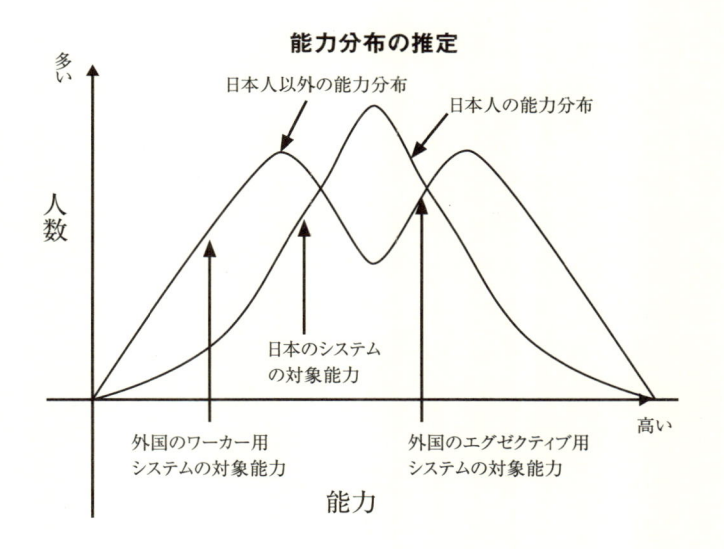

能力分布の推定

（図：能力分布のグラフ。横軸「能力」（低い→高い）、縦軸「人数」（多い）。「日本人以外の能力分布」と「日本人の能力分布」の2つの曲線。矢印で「外国のワーカー用システムの対象能力」「日本のシステムの対象能力」「外国のエグゼクティブ用システムの対象能力」を示す）

の能力分布が異なることが原因ではないかと思います。欧米人は能力分布に2つ山があり、日本人は1つではないかという仮定です。

欧米で通常の作業をする人（ワーカー）のシステムは単純にし、日本人の通常の作業をする人はやや能力が高く、画面などでもやや複雑なことが理解できている気がします。

そのようなことは実は仕事内容が異なるので、違うシステムにしなければいけないということかもしれません。

ただ、欧米の上位の人は（ITに関することとして）能力が高く、マネジメント層の能力が高く、BIツール（注）等をうまく使うという気がします。日本でBIツールがうまく使われないのは、このようなところにも原因があるのではないかと思います。日本のエグゼクティブが使いやすいようなツールが望まれます。

注：BI（Business Intelligence）
　企業内外の事実に基づくデータを組織的かつ系統的に蓄積・分類・検索・分析・加工して、ビジネス上の各種の意思決定に有用な知識や洞察を生み出すという概念や仕組み、活動のこと。また、そうした活動を支えるシステムやテクノロジーを含む場合もある。

習慣による違い

次に、ERPの時に話したように、支払いの関係やEDI等の感覚がどうも異なります。日本のようなほぼ同じ民族同士の同質性とか信頼性に関しても、日本と海外は違う気がします。海外は現金で支払った場合の値引きとか、給料を小切手で支払う等、逆に日本では給料の銀行振り込みとか手形で支払うとかです。これらの、自国では行っていないことを説明し理解させるのは、結構難しいかもしれません。消費税とEUの付加価値税でも内容が違うのだろうか、名前が違うだけなのだろうかと気になったりします。

これらは、実際の作業内容をチャート等で示せればよいのです。でも、実際にそれらを見たこともない相手に伝えるのは難しいことは肝に銘じておいた方がよいでしょう。

外部設計から内部設計か、基本設計から詳細設計か

　開発方法で感じたのは、欧米ではやはりエンドユーザーとは契約しているという意識が強いことでしょう。外部設計（External Design）から内部設計（Internal Design）へという流れはそれを表している気がします。日本で言われる基本設計から詳細設計へという概念は欧米とは違うかもしれません。

　もちろん、外部設計から内部設計へというのは、外部設計→内部：基本設計→詳細設計等と書かれた書籍やレポートがあったような気もします。なお、概念設計ということを言う人もいるようです。その場合、概念設計→基本設計→詳細設計になるようです。この概念設計が筆者の言う基本設計かもしれません。

　もちろん、インクリメンタル、アジャイル、XP（Extreme Programming＝新しい開発手法の一つ）等のことは欧米からの言葉でもあり、実践されており、実質的にはそれほど変わらないという気もしますが。

　ただ、基本から詳細へというのは日本的な気もします。基本的なところの概要を外部内部にかかわらず決めてしまい、その範疇で設計するようにするということです。欧米では、エンドユーザーと取り決めたことを守るという意識が強いとは思いますが、必要性から考えた範囲内で、より良い方法にするという能力を、IT側が持つ必要があると思います。必要なことのみを、エンドユーザーと取り決めればよいのですが、要求仕様というと詳細に決めすぎることもあるのかもしれません。

プロジェクトマネジメント

　外国の方がプロジェクトの失敗は少ないように思います。日本人はあいまいだし、無理をしすぎる面もあるのでしょう。プロジェクトマネジメント等に関しては外国に一日(いちじつ)の長がある気はします。もっとも、海外で開発されたプロジェクトマネジメントの方法をそのまま取り入れてもうまくいかない気はします。

　最近のロケットの打ち上げなどを見ていると、日本は巨大プロジェクトには弱

い気がします。ただ、小さいプロジェクトの積み上げだと思って開発すればうまくいく気もします。

全体的に日本の方がソフトウエア開発の生産性が上という研究もあったと思います。ただ、生産性が上でも納期などがあやふやではよいとは言えません。日本は改善を続けてよいものにしていきますが、全体構想のようなものが欠けるのかもしれません。トップダウンで考えるくせも付ける必要があるのでしょう。

プリミティブだが厄介な問題――コードやコード名称や並び替え

日本企業でシステムを開発していても感じるのですが、外資系企業でシステムを開発する時により感じるのは、プリミティブな問題だと思うのですが、コードや並び替えの問題です。

単純に並べ替えるのに、日本では普通アイウエオ順にしてくれと言われます。これが意外と面倒なのです。カタカナでの分類フィールドのようなものを作って入力してもらうのですが、入力が面倒だと言われます。また、株式会社の「カ」等を付けると前になったり後になったりでうまくいきません。株式会社等は前に付けるか後にするかを指定し、別フィールドにするのが普通かもしれません。銀行振り込みの名称と違うこともあり、振り込み用の登録を別にするということもあります。

パッケージソフトウエア等では、コード順にしか並ばないようなこともあります。ある程度アイウエオ順の枠を決めて割り当てたりするのですが、枠もいつも空いているとは限りません。コードの一桁目を半角カタカナにしてしまおうなどというシステムにしたこともありました。外国のシステムに日本語を乗せようとすると、文字コードの問題なども加わり、面倒なものです。

２番目の会社の勘定系では、顧客に行く名称としての日本語（漢字）欄とアルファベット欄と振り込み用名称の３つのフィールドを持つことにして、アイウエオ順は止め、アルファベット順に並べることにしました。

そのアルファベット欄にはCo.やKKを付けないということにしました。また、顧客に行く名称を英語で出す相手先には、日本語欄を英字で入力してもらい、何

とか対処しました。

システムの共通性

では海外と共通に使用するにはどのようにしたらよいのだろうかということになるのですが、前に述べたように、システムの基本部分は共通ですので、右図のように作れれば大して問題ではないのですが、なかなか難しいものです。それは通常のシステム開発の時にも言えます。

望ましいシステム

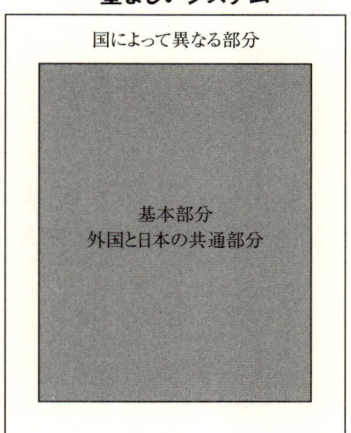

国によって異なる部分

基本部分
外国と日本の共通部分

2000年問題

　1999年（実際はその数年前から始まっていますが）には2000年問題（Y2K問題）**（注）** で大騒ぎでした。筆者が会社を変わった頃（1990年頃）でもかなり話題になっていましたが、自分の管理しているシステムは最近開発したものですし、開発時に注意していたので、問題ないはずだと思って安心はしていました。

注：コンピュータ2000年問題
　コンピュータのソフトウエア（ハードウエア面もある）で日付を2桁にしている（99年とか）と、2000年を超えた時点でデータを並び替えようとすると、2000年のデータは1901年より前になってしまう等の問題点が生じること。昔、ソフトウエアを開発する時に、メモリィとかハードディスクの使用量を少なくするためと言われました。なお、単に並び替えぐらいだとあまり問題は大きくないのですが、機器の制御等に関連して使用すると、順番に処理しようとする時、コンピュータ上で順序が狂います。事前にすべきことがなされていないとみなされ、処理が異常を起こす可能性があったようです。

対応

　1998年の半ばから、USの本社から指針のようなものが来ました。1999年になるともう書類の嵐です。一応システム面での対応をしないといけないかなとも思って、インターネットのホームページにあった、アメリカ（軍）の管理資料をまねて自社の管理資料を作りました。ソフトハードの全一覧表と、チェック状況を色分けして示したものです。それを元に担当を決め対応しました。
　USの本社や、他社からの問い合わせがあった時、この資料を見せると納得してくれました。「見える化」というのは重要です。特に、外国人などと話す時は分かりやすくしないといけないと思います。お客さんとか、種々の業者への確認にも追われました。5月のゴールデンウィークにテストしようとか、もし完璧にするのなら、大晦日からお正月に出勤してチェックするのがよいと言ったら、本

当にそうなりました。

　自分の作成したシステムは問題ないはずだという意識もあり、その時はそれほど真剣に思っていませんでした。筆者の企業グループでも当初はそれほどの危機意識はなかったようですが、世界中で年末年始に出勤することになりました。ただ、していることはほとんど、万が一問題があった時の言いわけ用資料の作成のようなものです。下らないと思いつつも、コンプライアンス等の欧米流の考え方も学べるので、個人的には結構おもしろがっていました。

　テストをしてもほとんど異常は出ないのですが、思ってもみなかったようなことも起こりました。例えばファイルの名称に年月日を使用し、その年のデータが2桁だったというケースです。まあ筆者などもプログラム等からずいぶん離れていて、チェックが漏れたり、考えもしなかったところでもあります。そのような意味ではチェックするというのは一応意味があるということにはなります。

　なお、組み込みソフトの場合はチョット違う気もし、ライフライン（電気、水道、ガス等）が止まるかもしれないという心配が少しありました。

コンプライアンス

　あるソフトウエアの会社とのやり取りはチョット奇妙でした。私たちから2000年になった時、異常があった場合の対応は大丈夫かとソフトウエア会社に聞くのは（これはITに限らず、普通のベンダーに対して聞くのは）当然ですが、ソフトウエア会社から、作成したソフトについては、ユーザーである当社でテスト済みであり、もしエラーがあってもソフトウエア会社には責任はないという証を出してくれなどと言ってきたのです。筆者がそのようなものは出せないと答えると、ソフトウエア会社から何とかならないかと言われ、両社で相談して書類を受け取ったという証を当社が出すという結論に達しました。

業界での対応

　業界を挙げての対応になりました。お正月にテレビや新聞等の媒体への広告活

動が止まってしまうようなことはどうしても避けたいということはあります。自社のシステムの問題より、媒体社（テレビ局等）の問題になったのは、広告会社での実際の作業は年末には終わっていたからです。

媒体社に対しては、媒体社側の迷惑も考え、広告会社で共通のアンケートを出しました。

障害対応

障害対応として、予備のサーバーを安価で調達し、他の場所（バックアップオフィス）に設置したり、個人のPC上のデータのバックアップもとっておこう等、バックアップの訓練的なこともあり、そのような意識の向上には役に立ったように思います。自分自身はたいていのことがあっても大丈夫とは思っていましたが、他のメンバーにはよい経験だったかもしれません。

年を2桁にしたこと

さて、年の桁数を2桁しか持っていないという問題です。まず、コンピュータのシステムで2桁にしたのはコンピュータの資源（ディスクとかメモリィ）を節約するためという意見が多くあります。でも、そうなのだろうかと思います。

筆者も1970年から始めていますが、それほどのことを感じたことはありません。もう少し前ならあったかもしれないという気はしますが、それより2桁にした理由は、エンドユーザーが「日付はYYMMDDで表示できればよい、2桁しか必要ない」と言ったので、そのようにした、ということが多いのではないでしょうか。4桁にして、エンドユーザーに入力してくださいと言うと、4桁は面倒なので2桁でよいはずと言われ、では2桁にしましょうということになったのだと思います。

ファイルは4桁にして、入力は2桁というとチョット面倒そうです（普通は面倒です）。IT部門の面倒くささのために（またはエンドユーザーがその時2桁でしていたということだけで）2桁にしたということが多かったのではないでしょうか。

Y2Kからシステム開発を考える

　上記のようにY2K問題もエンドユーザーに言われるままに開発したことによる障害が出ているとも言えます。ITを少しでもやっている人なら分かってもよいはずですから。また、システム開発をする時、極端な状況（100年後になったらどのようになるかぐらいでよいですから）を考えてみるのは、それなりに重要なことだと思います。

　実際のシステムでは通常は過去から現在のデータを扱いますが、シミュレーションをする時などはそのシステムに未来のデータを流せると便利なことも多いものです。経理の予算や中期計画程度でも起こり得ます。もっとも、システムの独立性とはそのようなことなのですが、そこまでITマンに考えさせるのは酷なのかもしれない等と思いつつ、そのくらい考えろと言いたい部分でもあります。

　桁数は何でも一桁増やしておく等ということもよくします。また、システムを設計する時は素直に考えるということかもしれません。年は4桁に決まっているのですから。なお、年を3桁にして、最初が1なら2000年代、0なら1900年代というのが標準になっている4GLがありました。あまり好きではありませんが、種々の都合によって使用しています。

なぜ大騒ぎになったのか

　ただ、それにしてもなぜあのような大騒ぎになったのかというのは、未だに不思議です。個人的には何と無駄なことかという気もしますが、世界中にIT部門の重要性を知らしめるためかもしれないとか、機器を入れ替えたかったので2000年問題を理由にしたのかもしれません。

　筆者も一部、この機会を利用させてもらって、国内で予算を通すのが難しい（ただ、USの指示はありました）二重化等の機器を入れたということもありました。US等の圧力かもしれません。日本と外国の違いなども感じます。

ERPの導入

2番目の会社での仕事が終わりに近づいた頃、ワールドワイドで共通のERPシステム導入のプロジェクトが始まりました。新しいIT部門のリーダーは、あるコンサルタント会社から来て、数年前から新しく任命されてアジアのリーダー（香港）になった人と一緒に進めました。筆者はほとんど関与していないのですが、外部から見ていて感じたことを述べます。

開始

基本的にアジアで統一したテンプレートを使い、各国用に一部カスタマイズ（変更する）＋アドオン（追加する）をして実施するという方法で行っていました。導入順は経理関係（買掛金システム、売掛金システム、総勘定元帳システム［G/L］、コストアカウンティング［管理会計］に分かれます）から進め、次に購買管理システムを導入するということで進めていました。

問題を起こすこともあるし、連結決算にすることが大きな目的の1つなので、筆者は総勘定元帳システムから導入して様子を見て買掛・売掛他のシステムを導入したらという案を出しました。しかし、ビッグバン導入を考えたのでしょうか、総勘定元帳だけの分離が難しかったのでしょうか、受け入れられませんでした。

香港側はエンドユーザーに対しては、現在の入力が新しいERPシステムに変わるだけで問題がないといって進めていきました。

基本構想

経理関係システムの導入時は、経理データをそのERPシステムに直接入力し、購買関係はそれまでの購買のシステムからデータを新しいERPシステムに送り込むということで進めました。

並行して動かしている勘定系のシステムで必要な顧客や外注先、社員等のコー

ドやテーブル類は新システムに入力し、旧システムにコピーするということにしていました。

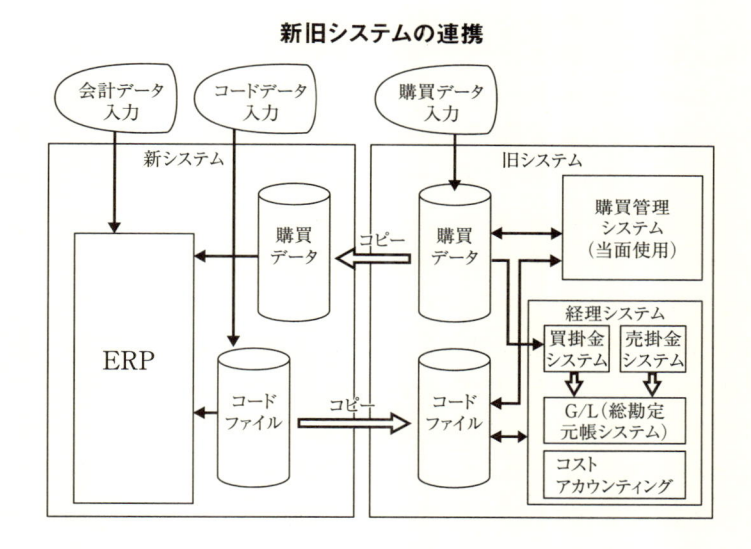

新旧システムの連携

```
   会計データ    コードデータ        購買データ
     入力          入力              入力
      │            │                 │
┌─────┼────────────┼──新システム─┐ ┌─┼──旧システム────────────────┐
│     ↓            │             │ │ ↓                          │
│                  ↓             │ │           ┌──────────┐     │
│                 ┌──┐    コピー  │ │┌──┐       │ 購買管理 │     │
│   ┌────┐ ←─── │購買│ ⇐═════════ │購買│ ←→   │ システム │     │
│   │    │       │データ│         │ │データ│    │(当面使用)│     │
│   │    │       └──┘            │ └──┘       └──────────┘     │
│   │ERP │                       │                              │
│   │    │                       │            ┌─経理システム─┐  │
│   │    │       ┌──┐            │            │┌──┐ ┌──┐    │  │
│   │    │ ←─── │コード│ コピー   │ ┌──┐       ││買掛金││売掛金│  │  │
│   └────┘      │ファイル│⇐═════════│コード│ ←→ ││システム││システム││  │
│               └──┘             │ │ファイル│   │└──┘ └──┘    │  │
│                                │ └──┘       │   ↓    ↓    │  │
│                                │            │ ┌──────────┐│  │
│                                │            │ │G/L(総勘定││  │
│                                │            │ │元帳システム)││  │
│                                │            │ └──────────┘│  │
│                                │            │ ┌──────────┐│  │
│                                │            │ │ コスト   ││  │
│                                │            │ │アカウンティング││  │
│                                │            │ └──────────┘│  │
│                                │            └──────────────┘  │
└────────────────────────────────┘ └────────────────────────────┘
```

開発：プロジェクトマネジメント

　新しく来たリーダーがやったのは、典型的なプロジェクトの進め方という感じでした。ソフトウエア（コンサル）会社から来たというだけあって、プロジェクトマネジメントの教科書を見る思いです。作成する資料等もよくできています。筆者も一応書籍を読んで知っているのですが、そこまでできないなという感じです。単に面倒くさがりだからでもありますが。英語も堪能な彼は、書類も日英両方で作成するなど、気を遣ってもいました。

　進め方はERPの導入の典型的なやり方というか、AS-IS（現状）とTO-BE（あるべき姿）を分析検討し、プロトタイプをしながらGAPを埋めていくという方法で進めました。日本国内の取りまとめは、それまで勘定系を担当していたメンバーとそのERPの専門家を呼んで進めました。アドオンやカスタマイズ、インストール等の担当は香港のメンバーです。

開発上困難(面倒)なこと

　多分、開発上で面倒だったのは、現行システムで実施されている中での、管理面での詳細さとか、日本的支払い方法のようでした。筆者が工夫したところと言えないこともありません。例えば、筆者のいた会社に限らず、組織変更が期中にしばしば起こります。その場合、新たな予算や売り上げの管理の実績の組織配分をどのようにするかという問題が生じます。筆者は、部署と得意先の組み合わせを登録すれば、それに従ってバッチでいつの時点でも(架空の組織でも)アウトプットできるようにしておいたのですが、リアルタイムで処理する(できる)のが新システムの狙いなので、組織変更や架空の組織で予算や実績を変更・推定することは少々難しいようでした。かなり簡略化して実施したようです。

　手形とか、支払い方法(銀行振り込み、手形)とか、個人的にはあまりたいしたこととは思わないのですが、SEにとっては少しの違いがシステムを支配するという感じで、アドオンとかカスタマイズに手間がかかっているようでした。支払い方法などは筆者が旧システムでしていたのと同じようなことを新ERPシステムで作成しているようでした。

　今回のメンバーのレベルが低いということではなく、平均的SEのレベルとして仕方のないことかもしれません。

並行テスト:数字合わせや複数システムの連携

　プロジェクトは、始まってから9ヶ月(年度の初めに合わせて)ほどたって、並行テストに入りました。そうすると、数字が合わないことがしばしば発生したようです。経理というのは、振替データを適当に作成すると、何とか数字を合わせることができるので、強制的に合わせてしまっているようでした。

　チェックをしている間に翌月の締めが近づき、数字合わせをする「並行ラン」が続きました。かなり後になって、現行システムからのデータが全部処理されていないことが分かったようです。送り込まれたデータの処理が終わらないうちに

新しいデータを送り込むというようなことが起こっており、全データが取り込まれていなかったのです。毎日の数字を見ていて、現行システムと比較すれば、多分10分もしないうちに分かるはずなのですが、そのような基本的なことが行われなかったことが問題だったと思います。

　もっとも、複数のシステムの連携をとるということが、普通のSEにはよく分からないようです。このことは、それまで社内のシステムを連携させる時でも同じように感じてはいました。

　個々のシステムの独立性のようなものは維持して連携をとらなければいけないのですが、全部一体のような作りになってしまうのです。使用しているオフコンがよくできている機械で、そのようなことをあまり考えなくてもよいようになっていることも関係があるのかもしれません。本来はそのような機械で複数のシステムを独立を保って連携させるのが上手な使い方だと思うですが、なかなか難しいようでした。旧システムでは、その辺りは自分で設計してしまったのですが。

その後

　このようなこともありました。エンドユーザーから、売掛残の多い顧客の一覧を出してほしいという要望が来ました。エンドユーザーからは「まだ運用の主体は旧システムなので、旧システムのデータを、このように並べて出してほしい」と言うと、新システムの担当者は旧システムなので筆者の方で対応して下さいと言ってきました。エンドユーザーからの要望と新しいシステムの内容を聞いて、「チョット面倒かもしれないが、新しいシステムでこのような方法でできるのではないか、頻繁に必要なら様子を見てから依頼して下さい」と言うと、エンドユーザーも納得していました。この頃はシステムの内容も見ることもなかったのですが、基本的にしていることはあまり変わらないのです。ERPの担当はそのような発想にならないようでした。

　新しいリーダーは、いろいろな問題があって、会社を辞め、当初のERPの専門家も変わっていたというようなことも種々の問題の元になったかもしれません。人の変更はしばしば問題を起こすものです。

ERPの導入プロジェクトから見えるもの

　現在のシステム開発はERPやパッケージを元に開発するのが一般的になってきています。新しいリーダーはプロジェクト管理などにも通じ、TOPの参画や全体最適等についても考慮しているようでした。それでもなぜ、順調にいかなかったのでしょうか。もちろんSEの問題とか人が替わった問題とかはあるのですが、それだけでしょうか。このERP導入プロジェクトからいくつかのことが分かってきます。

プロジェクト管理や進め方

　進め方は典型的なもので、問題ないように見えます。ではなぜ、必ずしもうまくいかなかったのでしょうか。当然ながら、いくつか問題らしきものがあります。新しいリーダーは、3～4ヶ月たったぐらいの時に、「もう今のメンバーで大丈夫。私はマネジメントに主体を置こう」と言って、BPR等のプロジェクトに軸足を移そうとしました。勘定系の難しさのようなものに気がつかなかったのか、あるいはメンバーの能力を信頼しすぎたのかもしれません。最初のプロジェクトぐらいは集中した方がよいと思ったのですが。
　当該のERPに詳しければよいのでしょうか。新しいリーダーはそのERPについて一部を使用したことがあるだけだと言っていましたが、専門家も入れていましたし、香港のメンバーは詳しかったはずです。
　しいて言えば、プロジェクトを進めるに当たって問題かなと思ったのは、問題を残したままプロジェクトを先に進めてしまったことかもしれません。スケジュール優先のしすぎには注意しなければいけないと思います。

全体最適

　「全体最適のために我慢して」ということも最近よく聞きます。特にERPを導

入する時に言われるようです。ただ、全体最適も、IT 部門や、全体最適によって不便にならない部門の言うことかもしれません。全体最適を説明できないといけないのだと思います。全体最適だから各部門に我慢しなさいといったように使われがちです。IT 部門がエンドユーザー側にこのように言う時は実は危険な兆候です。少なくとも、ここの部門でこのようなメリットがある、ぐらいの説明ができないといけないと思います。よく考えていけば、双方にメリットがある方法などが考えられるものです。

社長（TOP）の参画

　最近、IT に TOP が参画すべきだということがよく言われます。ERP のプロジェクトには社長が熱心でもありました。新しい管理者（プロジェクトリーダー）が、プロジェクトの成功には社長の参画が必要だということを強調したものと思われます。

　社長の参画は望ましいのは当たり前です。ただ、何に、どのように参画させるかを考えると難しいものです。このプロジェクトは社長も認めた重要プロジェクトだという認識を示すにはよいかもしれません。筆者が当初始めたころは、打ち合わせをしようとしても、メンバーの欠席が多くて困ったものです。しかし、ERP プロジェクトの時にはそのようなことはありませんでした。

　筆者がオンラインシステムを開発した時、最初のオンラインということで筆者の上司が社長に説明したのですが、その上司が、オーダーでの売り上げが見られるし、ファンクションキーを押すと担当者や得意先の名前が出る等と説明しているのに対し、社長はこれが出るようにするのには、そのデータを入力することや、それがアウトプットする仕掛けが大変なのではないか、というようなことを言っていました。なるほどとも思ったものです。

　TOP の人はそれなりの見方を持っており、IT の担当部署とは違うのです。よく TOP の人は IT について詳しくなければいけないと言われますが、IT を毛嫌いすることは避けなければいけないものの、他部門（営業、製造、経理、人事 etc.）と同じように IT 部門のことも見られればよいと思います。本来、TOP には、

会社のありよう（方向性とか存在意義とか）を話してもらうことが大事なのでしょう。それをシステムに反映させるのは CIO や上級 SE の仕事ですが、実際は難しい場合が多いのかもしれません。SE に経営の教育をする必要があるとも言えるし、しっかりした CIO が必要ということかもしれません。

TO-BEはあるのか

　TO-BE というのはあるのでしょうか。昔から、「理想を考えてから、実情を考え合わせて方式を決める」ということもよく言われました。ただ、何が理想かというのは難しいものです。現在は TO-BE と言えば、ERP の標準のことを指すのかもしれません。思考方法としてはよいかもしれませんが、実際には第一次の時点で、TO-BE としても、次の時点では状況が変わっていて（環境が変化して）、新しい TO-BE になってしまうことも多いでしょう。単に、そのコンピュータで何をしようかを考えているだけのような気がします。

　逆に、現実に返って実現可能な方法を考えるというのも、多くは考えるのが面倒になって……ということも多いようです。もちろん各企業の IT のレベルによって最初から上級を目指してもできないということはあるにしても、エンドユーザーは最上級を求めたり、自分の仕事の方法は最高だと思っていることも多いものです。基本のポリシー等の抽象化した議論でそれができればよいのですが、それもなかなか難しいものです。

ERPの汎用性

　日本の作業は、外国と違う部分があるのかもしれません（「外資系企業の経験から」を参照）。ERP の思想を理解し、業務の基本が分かった上で、ERP を選択し、カスタマイズ・アドオンを決めればよいとは言えるのですが、それが通常の SE の能力では難しいのなら、カスタマイズ・アドオンしやすい ERP を選ぶべきかもしれません。

　筆者のいた外資系の会社では、全世界統一ということもあって難しいのです

が、そのようなことを考えると日本発の ERP の方が日本（人）にはよいのかもしれません。ERP システムの思想や特徴を理解し、業務の内容を理解するという点では、社内の SE も、システムの点でもそのようなところまではいっていない気がします。引き継ぎなどでもなるべく基本的な考え方等を話して伝えようとするのですが、社内の SE はあまり興味が湧かないようでした。

最初からシステムを組み立てるのは無理な最近のSE

　最初からシステムを組み立てるというのは無理な時代なので、ERP で共通部分を作るという方法論は良いのかもしれません。F・P・ブルックスがパッケージを使えと言うのはこのようなことかもしれません。
　ただ、「ERP を導入する時は、カスタマイズ・アドオンを少なく」というのは日本ではなかなか守られないかもしれません。世間では、「数十億円をかけて入れたが運用に至らなかった」「メンテナンスが面倒なので止めた」というような例がたくさん報告されています。
　私の会社ももう少し大きかったら難しかったかもしれません。同業でも、連結決算部分だけで ERP を使用しているとか、かなり検討して止めたとかいう会社もありました。広告業に合わなかったのかもしれませんが。
　結局 ERP は、ソフトウエアを開発するというより、すべてをメンテナンスにするということなのかもしれません。人は、効率的かどうかは別にして、何かができていて、それを修正する方がやりやすい、とも言えます。やりやすいというより、とっつきやすいということなのですが。
　筆者はジェネリックモデルの良いものができればと思いますし、ERP やパッケージは基本的に正しいとは思います。結局のところ、SE にその ERP の基本思想とか、自社や対象システムの基本原理のようなものをよく理解させることが重要なのだと思います。

第4章
システムやITを考える

　さて、筆者のしてきた仕事はこれで一応終了です。最後の仕事は業界でEDIの会社を立ち上げることとオフィスのリニューアルでしたが、いろいろ経験になり興味深い面も多々ありました。しかし、それらについてはいくつかの項で述べており、それほど特別なことはありません。

　この章からは、今まで記してきたこと以外に、何となく気になることや、システムを開発したり、IT部門として参考になったこと、役に立ったことなど、今まで実施していたことから横断的に考えたこと、今後のIT部門といったことを、システム面と人や組織の面から述べてみます。

　最初はシステム面です。

最近気になること

　システムの開発についていろいろ述べてきて、最後はERPの経験から、最近のシステムの問題について感じたことを述べたのですが、それらに加えて、いくつかの最近のトピックや、今まで挙げた以外で感じていることを述べてみます。

システム規模の問題

　最近考えることの1つに、システム規模の問題があります。システム規模といっても対象ユーザー数や取り扱い顧客数の大小の問題です。企業の規模とも関わるかもしれません。実行することは同じだから、企業の大小にかかわらず同じだけ作らなければならない、という感じもします。もしその通りなら、小さな会社は一人当たりの費用が多すぎて、競争にならなくなります。

　このようなことが、企業合併を促進している面があると聞きます。部署が本部―部―課―係となる会社は、部署が部―課しかない会社とシステムは異なるのでしょうか。本部ごとの集計、部ごとの集計etcとなり、単純に集計する数は多そうです。欧米のシステムは作表でもただ単に大分類、中分類、小分類で合計していくだけのものが多いのですが、日本のユーザーは表の形にこだわり、分類を横に並べてといった要求が多く、プログラムの開発量が増える面もあります。

　筆者の2番目の会社は、全世界では1、2位を争う規模ですが、日本国内では8～10位ぐらいです。また、日本国内だけで比較すればトップの会社と売り上げで20倍ぐらいの差があります。それでもグループ内の各国の支社の中では最上位グループです（規模ではニューヨークやロンドン支社に匹敵します）。アジア（30ヶ国程度）では断トツのトップです。

　ERP導入は、アジアを統括するシステム部門がテンプレートを作って各国に普及するという方法をとってコスト競争力をつけるということだったのですが、日本への適用に当たっては、日本対応という以外に規模の問題が発生していた気がします。得意先やベンダーや社員の数がかなり違うのです。

第4章 システムやITを考える

　良いシステムなら、どちらにでも対応できるとも考えられますが、実際に導入する時は機能というだけでなく、単に得意先を表示するのに1ページの画面に出るか、数十ページにわたって出るかの違いでも大きく問題になることがあるのかもしれません。得意先の検索システムが必要になるかもしれません。もちろん、規模が大きければ要望が多く出ても当然とも言えます。
　もっとも、個人的には必要なことはあまり変わらないかなと思っているのですが、ソフトウエア会社の人と話していると、大きな違いと言われたこともあります。多分、機能面では少しの違いが大きく効いてくることがあるということかもしれません。
　自社にとって現在必要なのは何かを考えるのは当然として、大きな会社になった時に何をしなければいけないか、得意先や外注先やユーザーが増えたら何をしなければいけないかを考えておくことは、実際の設計に役に立つ気がします。
　先ほどの例でも最初からコード検索を考えておけばよいのではないかと思います。2000年問題で、将来にもこのシステムを動かすことを考えてみればよかったのに、と書きましたが、それと同じことかもしれません。いろいろ考えるとそのために時間がかかってしまうと言われそうですが。個々に必要なことが後から追加しやすいように最初から設計・開発するということも重要だと思います。

テストに時間がかかる

　最近、テストに時間がかかる傾向があるようです。システム内容を把握できず、どこに影響が出るのか分からなくなっている気がします。システムが肥大化・複雑化していることが原因かもしれません。検査工程が重要で、「不具合は検査工程で発見しろ」などとも言われます。全体の開発量（ステップ数）に比例した不具合の数を想定し、その不具合の数の修正をしないと検査が不十分などと言われますが、それもやりすぎのような気もします。本来、品質は設計や工程で作り込むことで保証されるのだと思います。
　テスト論もいろいろあり、重要な点を示唆してはくれますし、テスト不要論ではありませんが、テストに頼るのは危険です。悪いところがすぐ分かるような設

計が重要ですし、良い設計なら自動的にテストが少なくて済むでしょうし、テストのポイントも自然に分かるのだと思います。すべての要素をテストしろと言いますが、何がすべての要素かというのは分からない気もします。

　筆者は「インクリメンタルに開発せよ」「インタラティブにせよ」とよく言うのですが、これらの影響がテストで問題になることがあります。総合テストは、サブシステムのテストをした場合に毎回必要なので、総合テストの繰り返しが多くなってしまうのです。総合テストに掛かる時間が増えてしまうのには注意が必要です。単体テストを実施すれば、総合テストは必要ないぐらいにしないといけない気はします。

　最後の負荷テストでレスポンスが悪すぎて使えないことが分かっても、その時では直しようがないことも多く、結果的にそのソフトウエアは使えなくなるようです。早めに問題点が見えるように考慮して進めていかなければと思います。

セキュリティやガバナンス

　最近はセキュリティやガバナンスを考慮することが重要だと言われます。筆者が気になるのは、良いシステムならセキュリティも自然に良くなっているし、良いシステムにしようとすれば、ガバナンス面が良くなければできないのであって、ITだからといって特別な考慮は少しでよいのではないかということです。

　ユーザーが使いやすいように、アクセスする人ごとに必要なデータしか表示しないようにすれば、ユーザーも使いやすくなります。不要なデータにアクセスできなくなり、アクセス制限もできるはずです。

　このようにシステムを作った上で、セキュリティ上いくつかの点を追加するというようにすべきではないでしょうか。最高のシステムは誰もできないのだから、現在のSEに対して「セキュリティ対策だから、アクセスできる人の制限をした方がよい」と言うのは、やらせる方としては簡単ではあるのですが。しかし、単純にそのようなことで済ませようとすると、ユーザーにとって使いやすいシステムを開発するという意識が後退し、長い目で見ればよくない気がするのです。

　システムを作成するのに、基本構想を浸透させる。そのために意見を集約化し

たり、(場合によっては) 個人の思想を体現したりするのも当然のことと言えます。また、そのようになっているかチェックすることが必要になります。別に普通の企業内の管理と変わることはありません。ソフトウエアがどうしても個人的なものになり、ガバナンスが効きにくいということだとは思うのですが、何か特別なものという意識が強すぎる気がします。

新しい考え方

　最近はPMBOKに代表されるプロジェクトマネジメント志向、ITILに代表される運用管理志向、EAに代表されるアーキテクチャ志向等、ITそのものの捉え方にもいろいろな考え方ができてきています。もっと新しいのは、WEB2.0やSOA（サービスオリエンテッドアーキテクチャ）、チョット前にはAPI（アプリケーションプログラムインテグレイション）などが盛んでした。開発方法ではアジャイル、XPでしょうか。

　筆者の大学の学科はIE（教授からはIndustrial Engineering & Administrationと言えと言われました）と呼ばれますが、企業の合理化推進の方法を見ていますと、QCが盛んになるとQCに走り、ある程度進むとTQC（トータルQC）とかTQM（Total Quality Management）などになります。PM（Preventive Maintenance：事前保守）もTPM（トータルPM）になり、今はPM（Production Management）になっているようです。マーケティング等も、MM（Marketing Management）とかTMM（Total Marketing Management）等ということにもなるようです。昔からの経理や人事にもそのような傾向があります。

　皆総合的なものやマネジメント指向になるようです。自分の専門を中心に考え、それを発展させていこうという趣旨は分かりますが、何か自分の専門だけですべてが解決するような印象があります。でも本当は、品質管理も、生産管理も、マーケティングも、製造や人事・経理も各々重要なのです。

　もちろん、個々の企業において、現時点で何に重点が置かれているかということは重要です。しかし同時に、それ以外のこともあるということを理解するのも重要なことです。

付随する経験からITを考える

　企業や家庭でのいろいろな経験から、システムについて考えさせられることや参考になることがありました。そのような中からいくつか挙げてみます。

コンピュータ関連の設備を依頼した経験から：ウォークスルーと表記法

　筆者がITを担当している場合にチョット面倒なのは、直接ITとは関わりない付帯的な周辺の作業です。多くは外部の設備関係の部門に頼むことになります。最初の会社では、工場では設備の専門家がいるのですが、本社では総務部と一緒にすることになります。ただその頃は端末もグループに一台ということで、全社的に配線をするまでいきませんでしたし、ベンダーの方がいろいろ便宜を図ってくれました。次の会社では、コンピュータ室も新しく作る必要もあり、OA化等の面もあって、本格的に配線等にも取り組まざるを得ませんでした。
　もっとも、その仕事の中で、いろいろ参考になることもあり、結構おもしろかったものです。LANの配線や外部からの回線は電気屋さんに頼まなくてはなりません。また、コンピュータ室や事務室の床上げ（OAフロア）や、空調、電源の整備なども、建築や電気の工事関係の方にはお世話になりました。電気のコンセントも、LANのコンセントと一緒にするかどうかとか、ネットワークの配線に電力の配線が影響を与えてノイズが乗らないだろうか等の問題も重要でした。
　ネットワーク（LAN）関係は距離の問題もあり、間にレピーター等を入れるのかどうか、もっと短い配線方法はないか、席の移動の時や故障した時の対応等、システムを考えるのと同じで、結構おもしろいものです。そのような話し合いの中で、思いもかけないような配管を考え、やっとコンピュータ室（らしきもの）ができたこともあります。
　ビルの大家さんは大手の不動産会社でした。ビルの全体的OAフロア化にも2度参加することになりました。また、コンピュータ室の構築も2度行いました。

第4章 システムやITを考える

その時に、毎週かなりの人数（20～30人）での全体会合（および数人による個別の打ち合わせ）がありました。

システム開発の時にウォークスルー（複数人でチェックを行うこと）が重要と言われますが、同じようなものです。設計や進捗状況のチェックと言えないこともありません。全体会合は大げさという気もしましたが、それが全員の意識を高めている気もしました。

また、全員でチェックするためには、共通で見る資料が必要です。そのような点では、建築の設計図や電気の配線図はシステムの設計図より素人に見やすい感じがしました。もちろん細かいところとか、本当に専門性の必要なところは分からないのですが、システムの分野の設計図（種々のチャート・ダイヤグラム）はまだまだのような気がします。UML・BPEL等の進歩により、（専門分野以外の人にも）もう少し分かりやすくなることが期待されます。

製造会社から：金型がプログラムに似ている

筆者が最初に入った会社は非鉄金属の圧延会社なのですが、コンピュータの説明を社内にする時に何か似ていることはないかと考えたのですが、金型がプログラムに似ているという気がしました。プレスの機械はコンピュータです。金型にはたくさんの種類があります。筆者の会社のものは価格もプログラムの一本と同じくらいでした。また子会社などでは複数の金型を使用して数回のプレスを繰り返して、製品に仕上げるようなこともあり、複数のプログラムが連携して動くのと似ているとも思いました。

金型は日本の製造業を支える非常に重要なものだと言われます。見ていると、一度作って、少し手作業で修正して良い製品ができるように調整しているようで、プログラムと似ていると思ったものです。金型は基本的にNC（数値制御工作機械）を使ってCAD/CAMで作られます。詳細設計すれば物はできてくるのと同じようなことかもしれません。プログラムがIDE（統合開発環境）等を使用して作っているのと同じような気がします。システムは詳細設計が終わればコーディング→単体テストになります。今（あるいは今後）は詳細設計をするとコー

ドは自動生成ということになるのでしょう。

　金型が重視されるように、システムでもプログラムを重視するところがあります。最終的にプログラムがなければ動かないのだし、プログラマにとってはプログラムしかないので、それ以外に目が向かないということもあります。ただ、もの作りでも、金型だけでなく、製品の設計や機械自体の技術や、製造工程の設計やスケジューリング等も同じように重要なものです。普通の製造会社は金型会社ではないのです。もちろん、「金型」部門には「金型が製品の品質や生産性を決めるのでしっかりせよ」とは言いますが。

　IT部門もプログラム偏重になるのは慎むべきです。情報を加工して、新しい情報を作ることが仕事だということは忘れてはなりません。また、金型は外注することが多くなっているのではないでしょうか。外部の技術のある会社に依頼するのもシステムと似ていると思います。

家を建てる

　昔、家を建てる時に、筆者の父は「お金のある人は、部屋に置く家具などを決めてから、家の設計をするものだ」と言っていました。ただ、筆者の考え方は少し違います。例えば全体の広さがこのくらいで、6畳の部屋をいくつ、4.5畳の部屋をいくつというように決めたら、中に置く家具は適当に、という考えです。これは、家具なんていろいろ新しいものができるし、その時に入れ替えた方がよいということなのです。

　もちろん、新しい家具ができるたびに家を建て替えられれば（それほどのお金があればですが）移動の不便さを除けばよいとは言えます。今のシステムの設計を見ていると、現在のエンドユーザーの仕事に合わせるということばかりで、新しい要望が出てきたらということに目が行っていない気もします。もちろん、父の時代は新しい家具の出方と家の耐久度が合っていたのかもしれません。ただ、現在は「29インチのテレビの時代に設計していたら、建てている間に32インチのテレビが出てきて入らないので、家を建て替えないと使えない」というぐらいのこと（あるいはそれに近いこと）を言っているSEも多い気がします。トップダ

ウンで設計するか、ボトムアップで設計するかの違いのような気もします。

家と家具

　家は建築家（専門家）が造るのですが、家具は家具屋さんがセットしたり、各個人がセットしたりします。もう少し分担ということを考えると、テレビ等でもアンテナの設置は電器屋さんが行い、アンテナとテレビの接続は自分でする、ということもあるでしょう。人によりできる範囲は違うかもしれません。

　昔のエンドユーザーコンピューティングということに関しては、「家」そのものの建築までエンドユーザーができるという考えだった気がします。しかし、「家」の部分と「家具」の部分を分けて考えるべきだと思います。また、そのようなことに合わせた部品が必要なのだと思います（パソコンのソフトや追加ディスク等は「家具」なのかもしれません）。

これから

　世の中に参考になることはたくさんあると思います。ITと関係がないようなことでも、参考になることはたくさんあります。自分でも本当に良かった案はITの書籍以外から学んだように思えます。

　プログラムは重要ですが、製品設計や製造工程（プロセス）の設計も重要です。周辺により多く目を配るべきでしょう。ウォークスルーとはいわないまでも、チームワークは重視しましょう。図面は大事です。一般の人に分かりやすい設計図を書くようにしましょう。少なくとも少し大きなテレビが入るように全面作り直しをしなくてもよいシステムを作るように考えましょう。

　プロシューマー（消費者）といった言葉もあるようです。「消費者が生産する」「生産者と消費者が同一になる」という意味合いで使われる言葉のようです。そこまでいかなくても、現在は表計算ソフトやBIツール等が発展しています。それらを使って、エンドユーザーにシステムの一部を担わせるような構成のシステムにしたいものです。

他の産業や生産方式からシステム構成を考える

　前項でIT以外の経験から、このようなことが参考になったということを述べましたが、他に参考になることはないでしょうか。前に単にユーザーから事情を聴取するだけでなく、自分自身で勉強することと言いましたが、その時にエンドユーザーの要望に対する理解を広めるだけでなく、システムそのものについても参考になることがありました。

　最近の日本の産業、特に自動車や電気・電子、およびそれらに関連する産業は世界で冠たるものです。個々の問題はIT関連書籍にも書かれているのですが、どうもIT関連だけから知識を得ていると固定概念にとらわれてしまう気もします。他の分野からの方が参考になることもありました。例えば次のようなことです。

トヨタ生産方式

　日本の製造業と言えばまずトヨタ生産方式でしょう。第1に挙げられるのは、かんばん方式です。ジャストインタイム、リーン生産方式です（この2つは必ずしも同じではないですが）。

　コンピュータに置き換えれば、段取り替え時間を少なく、在庫を少なくというのが基本と言っていいかもしれません。テスト待ちのシステムは、いわば「在庫」です。長い間置かずにすぐにテストを始めるべきです。

　このような点から、アジャイルはトヨタ生産方式と同じという意見もあります。同時にいつも次にする仕事を考えろということでもあります。システム自体でも、前のJOBが終わって次のJOBをすぐに稼動させた方がよいことに気がつくといったこともありました。

第4章 システムやITを考える

セル生産方式

　セル生産方式（組み立て製造業において、少数の作業員が部品の取り付けから組み立て、加工、検査までの全工程を担当する生産方式）などというのもあります。最近、より注目されているようですが、私が学生の頃（40年も前）見学した工場でも行っていました。一人で組み立てるという面ではソフトウエアと似ているかもしれません。担当者を割り当てるのですが、その時にソフトウエア部品の作り方を工夫して、最終組み立ては一人で作成するといったように考え直したこともあります。

多能工

　変化が早く、多品種少量（比較の問題ですが）にならざるを得ないのでより対応を早くするためには、人間が多能工化する必要があると言われます。トヨタ生産方式を進めて、経理の人と製造現場の人が忙しい時は補い合えないかということまで検討している会社もあるようです。
　ソフトウエアはITの分野のことですので、前に述べた複数システムや複数プログラムを同時に扱えるようにするのは当然かもしれません。また、ソフトウエア自体を多能工化できないかと考えれば再利用性に結びつきます。

モジュール化

　自動車部品メーカーは単純な部品から、付加価値を付け、複数部品を組み立てモジュールとして自動車メーカーに収める傾向があると聞きます。それを聞くと、システム設計をしている時に、全体のモジュールの組み合わせを変えてみようかという気にもなります。

すり合わせ、固有技術と現場技術の融合

　自動車に代表される日本的な設計や生産方式は「すり合わせ技術」からなる、ということも聞いたことがあります。車を設計するのに、汎用(はんよう)部品を使うというより、個々の車に合ったものを（汎用品を基礎にして）設計して生産していくということのようです。それを、自動車を支える多くの関係会社が可能にしているというものです。部品メーカーと組み立てメーカーの間だけでなく、設計と製造や、違う業種でのすり合わせ等、広い範囲でのすり合わせも考えられるようです。「日本は、固有技術と現場技術が合わさって良いものができる」という話も聞いたことがあります。一般的な技術とその会社特有の技術が合わさって、会社特有のものが生きるということです。

　日本は現場技術が強すぎるということもあるかもしれません。また、このシステムが自社だけなのかそうではないのか等を考えると、システムの組み方にも変化が出るものです。ERPの失敗を聞くたびに、現場技術を忘れて動かなかったり、現場技術に影響されすぎて、アドオンやカスタマイズが増えたりしているのではないか、という気がします。

建築業から、プレハブ工法等

　システムと建築の同質性もよく言われます。最近はITアーキテクトというのも重要な観点です。建築などで、窓とかドアとか照明、コンセント等、一定の規格の元でたくさんの部品があります。

　そのようにシステムも作ったらどのようになるだろうか、と考えるべきなのかもしれません。もちろん、プレハブ工法では壁なども、建物の部材をあらかじめ規格品として工場で製作し、現場で組み立てていくようになっています。ソフトウエアによってはそのように構成することもできるでしょう。

EMS（Electronics Manufacturing Service）や
SPA（Specialty store retailer of Private label Apparel）

　電子機器関連でEMSという製造専門メーカーが出てきました。またスーパー等で衣料品を売るのにSPAということが言われています。EMSは電子機器の製造や設計を担うサービスであり、SPAは、基本的には小売業者が製品企画をし、その仕様通りの製品を外部の製造業者にOEMして、自己のブランドで販売するということのようです（SPAは「製造小売業」と訳されることが多いようです）。スーパー等は、今までは他社で作ったものを売るだけという小売業だったのが、自分で設計し、製造し、売る、というように変化しているようです。

　ソフトウエアの製造もこのような方法があると考えると新しいやり方を思いつくことがあります。「自社で作ることから離れてもよいのでは」とか、「その場合、どの面を押さえたらよいのだろうか」などと考えるようになりました。

（外資系）広告会社から：これからはオープン性が要求される

　筆者が最後に世話になった、外資系の広告会社では、外資系の顧客との契約で、得意先に外注費用を公開するということが含まれる場合が多いようです。外部に支払った費用の何％かのコミッションを広告会社が受け取るという契約があるからです。EMS等でも原価を顧客に公開する会社が外資系企業ではある（多い？）ということも聞いたことがあります。

　今のゼネコン的なソフトウエア会社はそのようなことも必要になってくるのかもしれません。基本的にオープン性が要求されるようになり、それが当たり前のことであるという認識も必要かもしれません。

企業内IT部門として

　個々の企業の体質や機能や個別のシステムに対してどのような形態にするのか

を考えていくのが企業内IT部門の役割でしょう。その場合にITに関する自分自身の経験や勉強だけでなく、他の産業から参考になることはないか、といつも考えていたらどうでしょうか。というより、新しいシステムのことを考えている時に、他の産業の生産方式を考えていたり、その生産方式をシステム開発に当てはめたらどのようになるかといった考えをしたら、システムの構成を考えるのに役に立った、ということかもしれません。

　また、ある程度今までの経験などからシステム構成を考えている時に、IT分野以外からの刺激によって、別の方法をとってもよいのではないかという考え方に至ったことがあった（あるいはそういうことが多かった）ということです。

結局はシステム構成

　セル生産にしろ、多能工にしろ、モジュール化にしろ、重要なのは基本部分（車台の部分）と部品のあり方かもしれません。ソフトウエアの場合は基本部分と部品部分、加工組み立て部分のすべてがプログラムという同じものからなることもあり、基本の部分と部品との区別もされません。ですから他に使えるものがあっても、部品そのものから作っている気がします。プログラム作成でも部品作成か、組み立て作業か、等を見極めて設計する必要があると思います。

　ソフトウエアでも、個々の部品が他で使用できるようにそれなりの方法で作られているものでないとうまく使えないのかもしれません。現場技術と合わさってシステムになるということを言いましたが、日本はそのような作り方（手作り）をしてきたし、日本人の仕事の仕方としては、そうならざるを得ないのかもしれませんが、まだまだ他に方法がありそうです。

第4章　システムやITを考える

このようにシステム開発ができないだろうか

　システムの開発方法については個々の開発に関連して述べてきましたが、思いつきのようなことですが、いくつか気が付いたことを述べてみます。

XML

　自分でシステムを組んできて感じるのは、データ（ファイル）をどのようにするか、その項目に何を持たせるかが特に重要だということです。DOD（Data Oriented Design。「DOA［Data Oriented Approach＝データ中心アプローチ］によるシステム設計」と同じ）というのもありました。共通なDBのデータ項目が設定できれば非常に有効だと思います。
　業界のEDI等によって、共通なデータ部分ができてきました。いろいろな業界やシステムで、共通のデータフォーマットを作ろうという活動があるようです。XML（Extensible Markup Language）**(注)** という新しいデータの記述形式があり、それらが統一的に作られると、それだけでかなり大きな進歩のような気がします。

注：XML（Extensible Markup Language：拡張可能なマーク付け言語）
　比較的新しい情報の記述形式。異なる情報システムの間で、特にインターネットを介して、構造化された文書や構造化されたデータの共有を容易にするための比較的新しい情報の記述形式。

業界共通のシステム

　では、共通なデータフォーマットができたら、それをより進めるとどのようになるでしょう。現実味がありそうなこととして、業界で共通なシステムを作るというのはいかがでしょうか。

195

筆者の2番目の会社の業界で、何社かがまとまって、システムの一部を開発したことがあります。

　筆者の会社にも誘いがあり、その開発しようとする部分は、ある意味では筆者の一番分からない部分なので任せようとも思いました。しかし、当社の、外国と日本が混じったような仕事の方法には合わない気もしたし、自社システムとの連携もよく分からなかった面もあり、我が社が入っても、一社当たりの費用は筆者が開発に見込んだ金額とあまり変わらなかったので、参加を見合わせました。そのプロジェクトは結果的には、各社が独自に開発する部分が増えて、この場合はあまりメリットはなかったようです。

　ある業界で、自社で開発したアプリケーションを公開した会社があるそうです。そのソフトにアプリケーションを追加した会社は追加分を公開する、というように、LINUXのような開発方法をとっている企業群があると聞きました。このような方法で進められれば非常に好ましいと思います。

　銀行等でも、共通システムということが行われているようです。もっとも、固有技術のようなものを強調しすぎて、必ずしもうまくいっていないようです。

　現在は、ソフトウエア会社が共通システムを開発するイニシアティブをとっているようですが、ユーザー企業がイニシアティブをとるようにしたらよいと思います。ただ、企業間の競争もあるので、当初はTOPの数社を除いた企業で実施するといった方法がよいのかもしれませんが。

エンドユーザーコンピューティングがしやすく、部品産業、家具産業が育つソフトウエア

　共通のアプリケーション開発ということでは、必ずしも最終のアウトプットまでいかなくても、基本となる部分だけでもよいと思います。車での車台に当たるようなものとか、家の基本に当たるようなものです。家具に当たる部分などは別です。

　自動車については、車台を共通にして、多くの変わった車種を出しています。ソフトも基本は同じで、企業特性に合わせたバリエーションという方向なのかも

第4章 システムやITを考える

しれません。ERPやパッケージは車台ぐらいの機能——基本的な部分、家に当たる部分——だと考えると分かりやすいかもしれません。そうすると、部品や家具のように付け加えるものが多くなることにはなります。

　次の段階として、部品産業や家具産業に当たるものを育てていく必要があります。それらが作りやすい方式を考えなければなりません。部品に当たるものはエンドユーザーコンピューティング（DIYか）を可能にするものが重要かもしれません。それらとのインターフェイスが重要でしょう。

ツールからなるシステム

　筆者が最初の会社でしてきた紙テープのシステムとか、オンラインコントロールプログラムは、ユーティリティというより、開発ツールと言えないこともありません。より進めると、プログラムなんて汎用的なものの組み合わせでできるのではないかという気もしてきます。もっとも、機械語からアセンブラになり、コンパイラ言語になってきたこと自体がそのようなことでもあるのでしょう。自社でそのようなことを進めるためにプリプロセッサ等を開発したことは前に述べました。

　筆者は2番目の会社では、プログラムに触ることもなくなったのですが、データのチェック等をする時や、エンドユーザーからの依頼で簡単な表を作成することがありました（勘定系）。それらの時に使用したのが多くはSQLとQueryでした。簡単なものを作成したのですが、工夫によって結構複雑なこともできると思いました。

　最近スクリプト言語が多く出てきましたが、簡易で実用的で、これからの方向を指し示している気もします。

コンピュータはシミュレーションする機械

　昔、「コンピュータはシミュレーションする機械」という話を聞いた（見た）ことがあります。大学で卒論をやっている頃から技術計算をしている時期の間ぐ

らいには、シミュレーション言語（GPSS とか Simscript）に興味があったのですが、そのような感じの言語の発展があればよい気がします。

最近、SD（System Dynamics）というのがまだ研究・実践されていることを知りました（単に勉強不足です）。学生時代に聞いたことはあったのですが（少しは勉強もしました）、これらの発展もおもしろそうです。

日本の先端産業から新しい開発方法を期待

日本の自動車や家電のメーカーの力はそれらを支える金型や素材メーカーを含めて世界一だと思います。そのような業界から新しい開発方法が生まれればいいと思います。日本は現在のところ、人工衛星とか、航空機等の技術はイマイチな気がします。超巨大製品でなければ、日本的生産方式が世界を席巻する可能性があると思います。

ソフトウエアは2度と同じことをすることがないのが特徴で、大量生産品などとは違うという意見もあるかもしれませんが、自動車や家電のオプションの多さと、カスタマイズ時間の少なさ等を考えれば、いろいろできるのではないかと思います。

企業内ITマンの開発への関わり

このように考えるとシステム開発やメンテナンスに対する企業内 IT マンの仕事は、自社内状況を見据えて基本計画を作り（車台のように基本部分の選択が重要か）、設計し、部品をすり合わせるように直すことが仕事になるかもしれません。リフォーム業者へ依頼する仕事のようになるのかもしれません。

SOA とか EA 等も同じような考え方で、より進めば、部品化を計って組み合わせることで可能な気がします。システムによっては SaaS（Software as a Service：ユーザーが必要なソフトウエア機能を量に応じて購入できる新しい販売形態）とか ASP（Application Service Provider：アプリケーションソフトをネットワークを通じて提供する業者のこと。最近は SaaS とほぼ同意））を使用できるかもしれません。

第 4 章　システムや IT を考える

ベンダーは汎用的な部品を作り、企業内の SE は自社の仕事を考え、ベンダーと一緒に自社に合うように設定するというようになっていくのかもしれません。

それらの性格、成り立ち、必要性というようなものがよく分かっていないと、使い方や引き継ぎなどで問題を起こすことがあります。あるいはベンダーを使うとなると、ベンダーが通常使用しているツールがあり、問題を起こさないためには、将来性を含め、自社との整合性を考えることが重要になります。

最近は表計算ソフトや BI ツールのようにエンドユーザーも比較的楽にアウトプットについてはできるようになりました。勘定系のシステムでは、そのようなエンドユーザー用のファイルの形式を 100 近く作成しました。コンプライアンスの観点からのアウトプットのようなものを決めて、それ以外はエンドユーザーは自分で処理するといったことも重要になるでしょう。

企業内 IT マンは、それらの補助をすることになるかもしれません。ある程度のフォーマットを決めて、ファイルを作成する部分は IT 部門が作るという方が、管理性などからはよいと思います。

第5章
IT部門の人や組織・役割を考える

　本書の最後に、企業内のIT部門とは何なのだということを考えるため、仕事や人や組織の面、関連して教育等についての自分の考えをまとめてみました。今までもITに関わる組織や人の問題は考えてきたのですが、それはどちらかと言えば筆者の苦手なテーマです。

　筆者の経験から、人の資質に関する問題を最初に挙げます。今までも折々に記してきましたが、システムの良し悪しに影響してくることの1つはITに関する人の資質の問題です。もう1つは教育の問題です。筆者の在籍した企業での経験から、人の問題や、実施してきた教育・訓練的な問題を取り上げます。

　次はIT部門の仕事の問題です。結局はIT部門の役割は何かということに帰すると思うのですが、単にコンピュータを扱うということではもう（あるいは昔から）なくなっているのだと思います。最初に今までの経験から、IT部門の製品や顧客は何かということを考え、IT部門が今後どのような機能を持つか、を考えてみました。TOPや人事関係部門も、IT部門を毛嫌いすることも多い気がしますが、会社の他の部門となるべく同じに考えるべきだと思います。

　それらを考えて、IT部門の組織とか、人数とか、ベンダーでこのような仕事をしてくれればよいといったことを考えてみました。

最近のSEを見て考える

　最近のSEを見ていると、言いたくなることがいろいろあります。今まで述べてきた、ベンダーに伝えるだけになってしまうとか、エンドユーザーの言うがままになるといったことへのさらなる追加になります。私も年を取ったのかもしれませんが、いくつか気の付いたことを挙げます。別に最近ということでも、特にSEだからということでもないかもしれませんが。

次に何をするべきか考えていないSE

　PCによる経理システム開発で、テストをすると、結果が出るまで待ってしまうSE/PGがいたと述べました。その頃のPCの能力は低かったため、時間がかかったという面はあるのですが、当該プログラムの内容を考えたり、プログラムを一本だけ扱っていることはないはずなので、他のプログラムを見ていたりすればよいと思うのですが、なかなかそうしないのです。

　筆者がプログラムを開発している時など、テスト結果が出るまでの間に、そのプログラムをチェックしていて、バグが分かってしまうこともありました。それならそこを直してからテストに投入しろという意見もあるかもしれませんが、バグは極端なことを言えばいつまでたってもなくならないのです。

　「プログラマの能力がないのだから、早くテストできる機械を入れるべきだ」とか、「複数のプログラムをデバッグしていると集中できないし間違えてしまう」などという意見もあるでしょう。ただ、待っている間に他のことができるようにするのはコンピュータに限らず基本だとも言えます。

　以上はプログラム作成時の問題なのですが、最近のSEを見ていても、何となく空いている時間が多いのです。待ち時間が多いと言えないこともありません。ベンダーを使うようになると、ベンダーから答えが来ないのでと言って、待ち時間がより増えてしまいます。

　SEに限らず、現在の自分の状況を把握しておくことは重要です。何をしなけ

第5章　IT部門の人や組織・役割を考える

ればならないか、今していること以外にすべきことはないのか、といったことを考えていないSEが多いのです。誰かに具体的な作業を指示されないと動けなくなっているようです。指示待ち人間が増えているのでしょう。

　なお、生産関係で、「ボーッとしていろ」と言われることがあります。それは、時間の余裕があるからといって他の仕事をしてしまうと、それが通常の仕事になり、無駄な仕事を増やしてしまってやめられなくなるので、暇に見えてもボーッとしていろと言うものです。前に述べた、SEがエンドユーザーの代わりをしてしまうのは、このようなことかもしれません。

他の責任にするSE

　例えばソフト開発で、ユーザー側に責任があるのか、それともシステム側か、などの話を聞いていると、どっちもどっちというようなことが多いものです。ユーザーがもう少し分かりやすく話してくれればとか、まとめて話してくれればうまく取り入れて開発したのに、とかの意見を言うSEがいるのです。エンドユーザーにソフトウエアの内容まで話してくれと言っている場合もあります。

　感じとしては、相対的に55点の人が、70点の人に向かって、「自分は55点ある、あなたは30点のマイナスがある」と言って争っているような気がします。世の中そのようなものかもしれませんが、相手の揚げ足を取るようなことばかりしているのです。

　そのようなSEのプロジェクトはなかなか成功しないし（成功しないからそのようなことになるのですが）、そのような企業の風潮が、失敗させる元です。建設的な意見を言い合う風潮が重要です。相手の話がまとまっていなかったり、よく分からなければ、おかしいと言うことも必要です。まあ自分の責任と言ってしまってあまり得にもならなかった筆者の悪い癖かもしれませんが。

　2番目の会社では、「一番末端が責任をとらされる、ITに何でも責任を押しつけられるから注意しろ」と言われたこともあります。「システムでチェックしてくれれば、このようなミスは起きなかったのに」とか、「IT部門がしっかりしないから、仕事がなかなか進まない」という苦情を聞いたこともあります。

普段のエンドユーザーとの関係や仕事の態度が、そのようなことを解消してくれると思います。もっとも、実務に携わらないもっと上の人の意向もあったりするので、なかなか難しいものですが。

予定をはっきりさせないSE

このようなことが進むと、システムなんて予定通りいかないのが当たり前なので、予定は作らないとか、約束しないなどと言うSEが出てくるものです。すべてが予定通りいくなどということはない、というのは当たり前です。ただ、その上でコストや期限や品質は守る必要があるのです。

自分で予定を決めないSEに限って、長期的なこと（自分の責任ではないこと）について、詳細な時期や内容もはっきりさせよと言ってきたりします。「実施事項は全体的な上位概念が分からないと私には考えられませんから」などと言ってくるのです。極端な人になると「コンピュータの将来を細かく予測せよ。それがはっきりしないと自分の今回の仕事はできない」などと言う人もいます。

個々のプロジェクトについての予定は、目標であっても提示するようにしないといけないと思います。そのようにして努力することが、エンドユーザーの信頼を得ることになりますし、SE自身も成長していくものです。もちろん長期的な方向性を見定めて、それに向かっていくことは重要です。

概算のできないSE

ここで述べてきたことの原因の1つは、概算ができないことかもしれません。何かしたいことがあったり、エンドユーザーから要望が出てきた時に、ではどのくらい費用や時間がかかるのかと聞いても、「もう少し詳細が分からないと答えられない」とSEから言われたりします。それではいつまでに分かるのか、と聞いても、「やってみないと分かりません」などという答えが返ってきます。

そうなると、進めてよいかどうか分からなくなるのです。「とりあえず一日考えて」と言ったり、「今週中に費用とかスケジュールを検討してから実施するか

第5章　IT部門の人や組織・役割を考える

どうか決めよう」ということにする場合が多いものです。そうなるともう、「やってみないと分からない」というのに近くなります。その結果、詳細設計を始めたり、検討をしないで何となくうやむやになってしまったりします。うやむやでもよいようなことなら、止めてもよいかと判断してしまうのですが、それでは少々問題ありです。

　前に、工事を依頼する時に、「概算で費用を出して下さい」と頼むと、「もっと詳しく仕様を」と言われ、困ったことがあると述べました。こちらは、そのことが進められるかどうかの判断をするために聞いていることも多いのです。一度答えると、前にこのように言ったではないかと責任を問われるから概算では出したくないのかもしれません。筆者は、計画時は基準を示した上で、概算費用を出してもらう、というようなことでも、あまり問題は起こさなかったのですが。

　計画を作成するということが苦手な（あるいはできない）SEが増えているのでしょう。PLAN-DO-CHECK-ACTION（計画・実施・点検・是正処置）のうち、最初の計画がうまくできないことが、ITの失敗の原因を作っている気がします。

　ITの計画論もいろいろあるのですが、戦略との関係とか、システム設計の方法論はあっても、費用とか期間をどのように見積もるかというのは少ない気がします。理論的なものや書籍なども参考にした上で、自分で計画を作り、実施した結果と比較し、社内独自の方法を築いていかなければならないのかもしれません。最近はPMBOK等の隆盛を招いているとは思いますが。

基本的な動きを理解しないSE

　これもいろいろなところで述べているのですが、ツール（RDBとかIDE、ERPを含めて）を使用するのはよいのですが、そのツールを使用することがどのような動きをするのか分かっていない（考えていない）ので、結果の予測ができないSEが多いような気がします。使ってみたら、あまりに時間がかかったということが多いような気がします。概要が分かればよいし、ツールがなくても同じことなので、自分で考えれば分かることも多いのですが、ツールを使うことにより考えることが少なくなりすぎているのかもしれません。

企業内ITマンの資質を考える

　勘定系のその後で、企業内のSEが、企業とか組織というものを分かっていない問題とか、ベンダー任せになってしまうとか、エンドユーザーの代わりをしてしまう等の問題点を挙げました。基本的に責任とか、企業内（グループ）での仕事とかをよく理解していないと、そのような問題が起きると思います。

　ここではもっと大きく、企業内のITの基本の構造レベルに影響してくることを述べます。例えば、次のような例です。

分散処理

　ITでの分散処理が話題になり始めた頃、最初の会社では次のようなことがありました。分散処理の時代だし、会社が製品別に事業部制を敷いたので、コンピュータのハードウエアも事業部ごとに分けようというものです。

　その案に対し、筆者が最初に、エンドユーザーに不都合はないかと聞いたところ、複数の製品を扱っている部署があるが、処理する製品を切り替えるごとに端末の電源を入れ直さなければならないということでした（なお、現在の技術ではそのようなことはありません。だからしてもよいということとは違いますが）。また、「受注とか製品在庫・出荷のシステムは共通だが、どのようにするのか」と聞いたところ、まだそこまで詳しくは検討していないとのことです。何がメリットがあるのか、と聞いても、会社が製品別に分けるのだから、それに合わせた方がよいと思う、というぐらいの返事でした。

　筆者は、会社が製品別事業部制を敷いたのは、利益などを管理するのに製品別にした方がよいと考えたためで、「もし会社方針にIT部門も倣うとしたら、コンピュータの製品別（画面［オンライン］と紙［バッチ］）で機械を分ける方法もあるのではないか。その方が扱いやすいのではないか」と述べたのですが、受け入れられませんでした。

　この「画面（オンライン）と紙（バッチ）で機械を分ける方法もある」という筆

第5章　IT部門の人や組織・役割を考える

者の提案について、少し説明しておきましょう。つまり、コンピュータのアウトプット（製品：成果）は、通常「紙」または、「ディスプレイ画面」で行われます（最近はデータそのものを送ることも多いですが）。紙のアウトプットは多くがバッチ処理によりなされ、ディスプレイのアウトプットはオンライン処理によりなされます。そこで、製造業では処理方法（＝製品）ごとに機械が違うように、ITでも処理方法によって機械を分けた方が理にかなう、と述べたわけです。

注：メインフレームとも言うべき機械の最初はＩＢＭ社のシステム360でしょう。360という名称にしたのは、オンラインでもバッチでも一台でこなせるという意味だと思います。違った機能を組み合わせれば、効率よく使えるということでもありました。

ただ、筆者が10数年扱ってきた経験から、その頃は、システムの構築や障害のことを考えた場合、オンラインとバッチのように分けた方が、個々の機械の機能は単純になり、やりやすい気がしていました。その頃はネットワーク費用が高価だったこともあり、機能別か、場所別にした方がコスト（ハードウエア・ネットワーク）や管理面でもよい気はしていました。

IT部門は社内にお客様がいるという立場でもあるのですが、本来、エンドユーザーのサービスの質を落としてでも実施するというのではいけないと思います。

筆者の後任の、全社のシステム基盤を考えるITの担当者は、IT部門の他のメンバーの情報が何も入ってこないので、担当者ごとに機械を分けないと自分が責任をとれないとこっそり漏らしていました。また、全社の業務削減運動をしている時に、部門ごとの仕事の流れ等を話すのですが、IT部門のリーダー長は、全部の情報が自分に集まるようにしていると言っていました。その情報をどのようにしているのか、と聞きたくなったのですが、コンサルタントはそのことについての問題を提起することはしませんでした。この結果はよく知りません（筆者にも知らされませんでした）。

その後、IT部門の長はコンピュータの台数をもっと増やす案を持ってきました。まだ前の案では会社の組織に合わせてという大義名分があったのですが、今度のはもう基本的な考え方もよく分かりません。「このようなことが通りますか」

と聞いたら、ITのことはTOPも何も分からないし、何を言ってもよいのだ、経理的にはリース期間を延ばせば目立たない、という答えでした。

失敗を隠そうとして案を作成した気もしましたが。分散処理といい、機械は多いのですが、集中処理のように見えました。ただ単に機械を増やしたいのだという気はしました。

情報共有

皆になるべく情報を明らかにしないという人は、電子メールや電子掲示板といったシステムもなかなか進めようという気になりません。しかし、透明性を高め、なるべく多くの人に公開し、早く正確に伝え、共有するのがビジネスのプロセスの基本であり、ITの最重要課題だと思います。このようなことが理解できない人は基本的に良いITは進められません。

汎用的なメールシステムというものがまだない時代でしたが、ある会社でダム端末でメールのようなことをしているという話があり、実施しようと提案したのですが、取り入れられませんでした。

この件も前の件と同じで、通常の（別にITではなく）仕事をうまくできないとシステムはうまくいかないのです。まあ筆者の能力がもっとあればよかったし、人望がなかったのではないかと言われればその通りかもしれませんが。

トップダウンとボトムアップで考える

最近思うことの1つにトップダウンかボトムアップか、という問題があります。先ほどの例のように、これを実施したら、ユーザーへの影響はどのようになるかとか、生産性は上がるのかというのは、ボトムアップの考え方のような気がします。「システムの分け方は機能別がよい、それはこのような分け方だ」というのはトップダウンかもしれません。

「ユーザーから状況を聞いて……」というのはボトムアップですが、前に述べたようにユーザーは基本などが分かっているとは限りません。本などから基本を

第5章　IT部門の人や組織・役割を考える

得て、方針を決めた方がよいことも多いものです。基本的なコンセプト等は、トップダウンで行わないと、設計上の整合性はとれません。ただ、現場の人の実際の仕事なのだから、ボトム面から質問が来る。それらにすぐ答えられるぐらいでないと、良いシステムと言えないかもしれません。

　このような討論をしている時に感ずる難しさは、本質的なことでの討論をする必要があるのですが、どうしても抽象論になります。抽象論ができるのがすぐれた討論だとは思います。ただ、一般向けに話す時は、抽象的に話すのではなく具体的に話さないと、説得できないということです。結局は社内のレベルに合ったシステムしかできない気もします。

　両方の観点から考えていかないといけないと思いますが、「ユーザーの使い勝手は？」等と言われると面倒でいやがるSEも多いものです。多面的に考える必要があるのでしょう。

企業内IT部門や会社の風潮

　本人が自分一人に情報を集中させる（隠匿する）のがよいと思う人には情報共有は分からないだろうし、権限委譲が分からない人にはシステムの分散処理そのものが分からないでしょう。

　一度情報を集めてから、多くの人に知らせた方が効率がよいということもあります。これは集中がよいという時の検討事項にもなります。個々の機械の処理能力とも関係します。機械やネットワークがよくなれば、集中もよいものです。分散がよいか集中がよいか決まっているものでもありません。

　IT部門の上位の設計者は分権（権限委譲です）といったことへの理解が必要です。また、透明性とか合理性への理解も重要です。他の社員より仕事を正しくするということが効率面は別にしても必要なのだと思います。

　このようなことは単にIT部門だけでなく、会社の風潮・風土も重要です。会社全体として透明性等が確保されていないと、IT部門も例外でなくなってしまいます。もっとも、透明性が確保されていても、その内容が重要なことは言を待ちません。

教育・訓練とスキル

IT 部門においては教育を重視する傾向があります。技術の進歩が激しいからと言われますが、単に新しい技術に追いつくことはベンダーに任せた方がよいかもしれません。社内 IT 部門の教育は違うのでしょうか。筆者の経験の中から、教育や勉強について簡単に述べてみます。

1. 学生時代：仕事の基礎を

筆者が「工業経営学科」を専攻したことは前に述べましたが、企業内で IT の仕事をしていく上では役に立ったと思います。

一番の理由は、経営計画や人事、経理でも、生産管理でも、品質管理等でも、相手と話をしていて、あまり負担にならないからです。また、テーラーの科学的管理法から始まった効率に対する基本的な考え方がそれなりに（あまりたいしたことではありませんが）身についているのかもしれません。このような意味では、情報やシステムを大学で専攻するより、企業内の IT 部門で仕事をしていくという点ではよかったのではないかと思います。

2. 新入社員時代：訓練的な教育も必要

もちろん、通常のコンピュータとプログラムの教育を受けました。ただ自分自身としては、3ヶ月ほどはほぼ毎日、自宅で、一冊の書籍の問題に出ていたプログラムとフローチャートを朝1時間ほど自分で書き、サンプルと比較して、良し悪しを考えました。

最初の頃はこのような大量のプログラムの訓練的なものも効果があると思います。そのような作業を通して、代替案を検討しなければという体質が身に付いたようです。もっとも、ソフトウエアは比較的単純なものが少ないので、このような教育を企業の中で行うことは難しい面もある気もしますが。

筆者たちの上司が、プログラムの命令ごとの必要記憶量のようなものを出そうということで一日休日出勤して、プログラムに一行ずつ命令の追加削除を繰り返し、コンパイルしオブジェクトプログラムのサイズから1つひとつの命令のサイズを計算させられました。これも単純な繰り返しですが、何かコンピュータのことが分かったような気がしたものです。

3．オンライン：既成概念にとらわれないと同時に基本を理解

オンラインをする時に、オンライン化ということでの教育を受けさせてもらったのですが、オンライン化というよりコンピュータを使った新しい仕事の方法を学んだ気がします。経理の伝票を起票せずに、請求書に伝票番号とか仕訳コードとかを書いて伝票にしてよいとか、通常の考えていること以外に、いろいろできるということがおもしろくて参考になったものです。

この時に、オンラインについてかなり勉強しました。というより、コンピュータの基本的な構造のようなことにまでさかのぼって勉強しました。例えばオンラインでは、1つのプログラムで複数端末から同時のアクセスを受けるので、端末ごとのデータを持たなければいけないとか、バッチ処理と違い、途中でダウンしたら最初からリランできるわけではないのでバックアップもリアルタイムでとらなければならない等です。そのようなことが、オンラインコントロールプログラムの作成等にも役に立っています。

この頃、特種情報処理技術者の試験が始まったのですが、特別な勉強をすることもなく通りました。

4．その後

その後はあまり教育を受けた経験がありません。その頃の筆者の上司が教育等にあまり理解がなかったのだとも思うし、会社でやらなければ筆者は自分で勉強するので、会社にとって利益になるという人だったからでしょう。

というより、勉強と言えば（悪しき）受験勉強しか思いつかなかったのだろう

と思います。受験勉強もいろいろあるので一概に悪いとは言えませんが、必要なのは単なる記憶に偏ったものではなく、考えることを育てる教育です。

研究会のようなものはよい経験になると思いました。他の人の意見が生で聞けるのは大きいものです。単に書籍から得られる以上のものがあります。

5．新しい会社で

会社が変わって、企業全体としてのIT化をどのように考えるかということで、戦略からITを考えるなどということについての勉強をしました。実施順など前に記した通りですが、クライアントサーバーやLAN等の新しい技術への変わり目だったこともあり、一応ITの全分野についての書籍を読んでバックグラウンドにしておきました。このことがいろいろな質問に答えられる基礎にもなったようです。英語の書籍も読んだのですが、英語というより考え方の相違の方がおもしろかったです。

また、この年にできた情報処理技術者のシステム監査にも、特別な勉強をすることもなく通りました。

企業内IT部門の教育

では企業内のIT部門にどのように教育をしていけばよいのでしょうか。

1．周辺の理解

単にプログラムを書くだけでは、良い仕事はできません。当然プログラムを組むのですから、例えばPL/Iを書くにはPL/Iの書き方を知らなければなりません。ただ、より上級を目指すなら、PL/Iの教育を通じ、プログラム全般の理解を深め、プログラム全般の理解の中から、システムというものに対する理解を深めなければならないと思います。昔、ベンチマークをするのに、当面PL/Iが使えず初めてCOBOLで書いたのですが、たいした問題ではありませんでした。

ネットワークでも、Netwareを習ったら、ネットワーク全般にも理解を深めて、

第5章　IT部門の人や組織・役割を考える

ネットワーク全般の理解を通じてコンピュータの理解を深めてもらわないといけないと思います。そうすれば　Windowsになっても役に立つと思うのです。ただ漠然と聞いてNetwareのインストールができるということだと、単なるオペレーションができるだけで、アウトソースした方がよいのです。ただ、その場合でも、アウトソース先にしっかり指示できるか疑問です。

２．企業とか組織の運営、仕事の方法そのもの
　　前に述べた、企業とは何か、ファイリングとか上司と部下の関係とか、プロジェクトをどのように進めるか、企業倫理とは何か、標準化とは何か、生産性とは何か、といった仕事の仕方の基本のようなことを、(IT要員に限らない話ですが)教え込むというようなことが必要なのかもしれません。

３．アイデアの創出とまとめ方
　　クリエイティブ性を育てることも重要です。ブレーンストーミングやKJ法などのベイシックなものの勉強はしておくべきでしょう。ただ、クリエイティブなものが生まれるのは徹底的に考え、検討するところからということで、単なるアイデアから発生するのではないということは注意しておくべきだと思います。
　　最近は盛んだと思いますが、SWOT分析、BSC (Balanced Scorecard)、KPI、KGI等の考え方、等を教育・勉強するのはよいと思います。本当は全社員に実施するのがよいかもしれませんが、IT部門は特に必要だと思います。

４．問題の定義能力
　　AI等のところで述べていますが、問題の定義能力が必要なのだろうと思います。今の時代解決方法を得る方法は結構あると思います。もっとも、問題の定義能力をどのようにして育てるのかはよく分かりません。システム分析の基本的な能力のような気はします。要求仕様の分析と重なるかもしれません。

企業内IT部門とは

　もう終わりに近くなりました。IT部門の仕事などは少しは分かっていただけたでしょうか。今後の事業や仕事はITなしに進めることが難しい時代になり、その分責任は増えていると言えます。部門の名称も、機械計算課、コンピュータ課などというのから○○室になり、○○部になり、○○本部になり、名前もシステムとかITというように表面的には重要視されてきています。それでは、企業内IT部門にはどのような特徴があるのでしょうか。

製品・顧客とは何か

　製品（商品）とは何かと考えれば、当然ながら情報と言われます。IT部門というのは情報の提供を通じて企業に貢献する部門だと言えるでしょう。情報の扱いがIT部門の設備を通じて行われることかもしれません。人の扱いは人事を経由して行われ、お金の扱いは経理を通して行われるようなものでしょう。

　同時に企業の仕事のかなりの部分が、情報を扱っているということなので、仕事の方法について良い方法かどうかの判断をし、全社的に良い仕事をさせるという責任があるのかもしれません。少なくとも、主目的はソフトウエアを開発することではなく、正しい情報を顧客（エンドユーザー）に届けることでしょう。

　製品は情報。では企業内IT部門の顧客は誰かと言えば、顧客は社内と言えます。QCサークルで「次工程はお客様」というのと同じです。ソフトウエアの場合、エンドユーザーに「使わない」と言われたら売れないこともある（それも、作った後で）という点では、QCサークルで言う以上に「次工程はお客様」と言えるのかもしれません。普通の製品では発注する側にも責任があるはずですが、社内なので「使えない」ということが言いやすいのかもしれません。

　新しいシステムを使わずに昔のままの方が楽だし、人の削減も考えなくてよい、という状況になってしまったら、（IT部門にとっても）会社にとってもいけないのですが。

第5章　IT部門の人や組織・役割を考える

新規開発の仕事が多いIT部門

　経理とか人事等との違いは、扱っているものが情報ということ以外に何があるのでしょうか。1つ言えるのはIT部門の仕事は開発が重視されることでしょう。最近、IT部門がサポートやメンテナンスに時間がとられ、新規の開発が行われないと言われます。では他の部門はどうでしょうか。新規開発はIT部門に比べればはるかに少ないのではないのでしょうか。

　普通の会社で新規開発が多いのは、製品の開発部門や製造方法を研究する部門でしょう。ただ、新製品で売れないものがあるからといって、仕方がないぐらいで済んでしまう企業も多い、と考えればITの成功率は高い方ではないか、と思ったりします。

　ただ、革新性を持って経営に当たらなければならないと考えれば、どの部門でも改革・改善が望まれます。経理や人事も保守（メンテナンス）ではいけないのだと思います。筆者が前に述べた「メンテナンスのように開発をし、開発をするようにメンテナンスをする」べきということです。ただ、人事や経理の方法が頻繁に変わるのは、種々の面で問題を起こします。法律や税制面で違反になるかもしれません。ITだって、ユーザーが慣れるのに時間が必要なこともあるのですが。

　新しい技術が出てきたので、それを利用して社内の仕事の方法をどのようにしていくかという提案力も要求されるでしょう。新しい技術を利用して、システムをどのようなハード・ソフトで行うか、基本構造のようなものも、IT部門の考える重要なことです。

ITプロジェクトは会社を経営しているのに似ている

　長い間ITプロジェクトの仕事をしてきて感じるのは、プロジェクトを進めていく気分は、会社を経営しているようなものだということです。システムの構造を、どのようなサブシステムに分けていくか等、会社の組織をどのようにするかと同じことです。また、人事・総務・経理といった間接部門のような部分（ツー

ルやユーティリティ）が、システムの出来に意外と影響します。もともと、システムは組織という意味なので当然でもあり、それらを自分で決められるというのが、社長になった気分に通じます。

　もう1つの理由は、開発が決まってしまってからは、他からいろいろ言われることがないことでしょう。プロジェクトの期間中は、他の人がよく分からない（または丸投げされる）こともあり、結構自由にできてしまいます。こちらはもう少し説明して理解してもらいたいと思っても、エンドユーザーは別にして、上司や管理部門等からはあまり言われません。ITは何か難しそうということでシステム部門からの話を聞くのをいやがるようです。システム部門からも説明が面倒なのでこれ幸いと内容について説明していない面もあります。

　スケジュールと費用の予定さえ守れればあまり文句は言われません。もっとも費用やスケジュールが順調に進まないとすぐに数倍になるということで、他部門の人には耐えられないかもしれません。関連部門やTOPの人が変に責任をとらされてもたまらないという意識も働いているかもしれません。

ではIT部門の仕事とは

　このようにIT部門には開発部門や研究部門が必要です。その他の部門はどうでしょうか。エンドユーザーからの要求を聞くのは営業部門です。よく営業に技術者がいて種々の対応がされますが、そのような人も必要でしょう。必要に応じて製造部門と話しながら決めることも多いでしょう。

　どのような製品を作るか決まれば、製造部門に流します。まったく新しい製品と、継続した製品と、既存製品を改良したものに分けられるでしょう（細分すればきりがありませんが）。継続した製品は現場のオペレーションを主体にして行われるように、ITでも自動的に（プログラムの改変を伴わずに）流れます。一方、まったく新しいものは新製品で、設計と機械の購入（機械を作らせることもあります）があるように、IT部門においてはハード・ソフトの購入があります。

　既存の製品を改良したものは、金型のようなものを追加するだけでよいと言えますので、ITではメンテナンス扱いになります。前に述べたように金型や治

具・工具のようなものを作るのが、プログラミング部門です。
　コンピュータそのもの（OSやミドルウエアも含め）は製造設備で、運用している部門は製造部門です。アウトプットの用紙を切ったり配ったりしているのは、加工・配送部門です。通常はルーティンで流されます。製品（情報）の設計部門も必要だし、製造方法の設計部門も必要です。
　意外と重要なのは、サポートです、クレームに対応することもあるのですが、現場から内容が分からないとか、使用方法が分からないということへの対応が多いでしょう。ユーザー教育も含まれます。
　ITでは、企業のすべての部門が必要ということなのかもしれません。その上、各々がかなり高い能力を要求されます。普通の製品なら、それぞれ職種が違うと考えた方がよい気もします。ITということで一緒にしてはよくないのかもしれません。
　ITというものがまだまだ成熟していないことによるのかもしれません。経理で言えば、複式簿記ができたばかりという時期なのかもしれません。IT部門はソフトウエアの開発が仕事と思う人が多いかもしれませんが、IT部門の役割は、本来は情報を届けることや、情報が使われることへの面倒を見ることが主体であり、今はそのようになる過渡期なのでしょう。

IT部門の管理自体は他の部門と同じ

　IT部門のマネジメントは他の部門と違うのでしょうか。必要なのは通常のマネジメント能力なのだろうと思います。皆さんが思うより他部門と同じようなものだと思います。ただ、現状ではITのマネジメントということでは開発関係のマネジメントが問題になっていますが、製品開発のマネジメントと同じと考えれば分かりやすいかもしれません。
　最近企業のガバナンスとともにITガバナンスの重要性が言われます。今後どのようにIT部門を運営・管理したらよいかですが、IT部門も経理や人事や営業や技術や製造などといった部門の1つと考えてはどうでしょうか。その時々や企業の性格から重視されたりされなかったりすることはあるにしても、IT部門を特殊視してはいけないと思います。

コラム　総務分野との関係

　郵便がe-mail、電話がIP電話、会議がテレビ会議になり、プレゼンテーション機器（プロジェクター等）、デジタルカメラ等の分野で、今までなら総務部門が扱っていた仕事とIT部門の仕事が重なるようになっています。私も新しもの好きだし、個人的興味からも、それなりにそういったことに取り組みました。しかし同時に、いくつかの難しい（面倒な）面も感じます。IT部門は何をすればよいのかという基本的な問題にも関係する気もします。全然別の問題だといって切り離してしまうことも考えるのですが、ここではいくつか筆者の体験した例を挙げます。

コピー機

　最初の会社でずいぶん昔に、コンピュータベンダーの製造しているコピー機の導入ということで、IT部門でコピー機を取り扱ったことがあります。

　コピー費用がまだまだ高い時代だったので、カウンターをつけて部署ごとに数えようとしたのですが、使用する人たちからいやがられてしまい、途中で担当を総務に戻すことにしました。運営面では総務に一日の長があるということかもしれません。FAX等も同じです。

　もっとも今のようにプリンタとコピー機が一体化されたらどのようにしようか、とまた考えてしまいますが。

電話

　筆者が最初に関係したのは、最初の会社で本社と工場の間をオンラインにする時です。その頃の回線料金はかなり高価で、筆者のいたような会社では無理かなと思っていました。ただ、ベンダーの提案もあり、電話とコンピュータの回線を一緒にすると安価に導入できることが分かったのです。それでも、共通の回線から電話とコンピュータへ振り分ける部分はIT部門の担当になります。不良の場合、原因の切り分けも総務部門では難しいものです。

第5章　IT部門の人や組織・役割を考える

　最後に関係したのは、PHSで社内電話を無線にすることでしたが、障害等が出ると総務部門では対応が難しい面があります。総務部門の性格上、仕方がないのかもしれませんが、総務部門では業者任せになってしまうことが多くなってしまいます。IT部門としては、ネットワークの配線を電話の業者と一緒にするなど、業者面でも手をかけないように工夫はしました。
　IP電話はコンピュータネットワークを利用しているのですから、総務部門との分担もより面倒ということになります。電話がコンピュータの情報端末化するのは避けられず、ITの重要な役割であるコミュニケーションのツールとしても、IT部門が扱うのが当然になるかもしれません。

郵便

　e-mailはIT部門の仕事ですが、総務部門とも深く関わり合います。e-mailを実施する時にコストメリット等も考えるのですが、実施する時は世の中の趨勢として当たり前になろうとしているし、相手がいなくても連絡しておけるとか、多数の人に同時に送れるといったメリットを挙げ、それも情報系のシステムの実施に伴ってというようなことで進めてしまいました。
　筆者の会社でe-mailを実施した後、海外向けの電話代が1/4ぐらいになったというのは、かなり後から知りました。外資系の会社だったので効果が大きかったのです。別部門の予算になっているような時は、全体での費用は減っているのによく見えないこともあり、注意が必要です。

会議（室）

　会議室の設備にテレビ会議やプレゼンテーション機器を設置するのもIT部門の役割になってしまいます。テレビ会議を実施する時は出張費がある程度減るのではないかと予想されるということで効果を示すのですが、出張費が減るのとIT部門が関係あるのだろうかと思ったりもします。
　なお、普通の人が全員簡単に使えるように、メンテナンスやサポートをするのは結構大変です。プレゼンテーション機器でも設置するだけなら簡単ですが、運用は難しいことも多いものです。ハード面だけでなく、どのような

プレゼンテーションが良いとか、プレゼンテーションソフトの使い方の教育とか、種々の面が分かって設置するのが望ましいのですが、そこまではなかなかいきません。

　プレゼンテーション関連部門があればよいとは思いますが、そのメンバーが機器のハードや、ソフトの使い方（というより教育の仕方）が上手だとは限りません。また、通常のエンドユーザーが使う時は使い方が乱暴になるので、故障への対処も欠かせません。一括して外部へ任せてしまう方法もありますが、そうすると乱暴な使い方が普通になってしまうかもしれません。

デジカメ

　デジタルカメラも、筆者のいた企業では用途はほとんどプレゼンテーションで使うことなので、後処理はパソコンでしなければなりません。デジカメの説明書などを読むと、取り込み用ソフトウエアをインストールして、PCとデジカメをケーブルでつなげてPCに読み込むと書いてあるのですが、勝手にソフトウエアをインストールされて迷惑することも多いものです。そのようにすると、違うデジカメになったらまた新しいソフトを導入するようなことになります（今の状況は少し違いますが）。

　少し考えれば混乱が起こることは分かるはずですが、マニュアルにあるのでIT部門の担当でもそのようにしてしまうこともあります。筆者はカードリーダーを使えば、どのようなデジカメになっても（メディアがいろいろあるのは面倒ですが）同じ操作なので、「カードリーダーを使い、決まった画像関連ソフトを使え」と言っていたのですが、守られないこともありました。

　それを進めて考えれば、各部門にカードリーダーやスキャナーのついたパソコンを置こうという発想になるのです。企業内でソフト（の決定や）のインストールはIT側の仕事です。ただこのような問題に総務部門が気付くことは当初はまれです。

ファイリング

　ファイリング等も総務部門の仕事だったのですが、最近はコンピュータで

第5章　IT部門の人や組織・役割を考える

ファイリングをするので、IT 部門が関わり合います。前に PC の教育でもファイリングのようなことが分かっていないと、という話を書きましたが、実際の運用面での教育を含めて実施するとなると結構面倒です。

企業内IT部門

　では IT 部門の仕事をどのように考えたらよいのでしょうか。個々の会社の事情によっても異なるだろうし、規模などによっても変わるでしょう。要は、企業で仕事の方法や改善を考えるのはどの部門だろうか、ということです。基本的に、個々の部門で考え、部門間で問題が起これば部門間で話し合って……ということになります。「IT でこのような新しい技術を普及させたい」ということは IT 部門でなければできないかもしれません。また、全社共通の方法でしないと困ることも多いものです。

　時々、社員の仕事の方法に関係するということでは似ている部分があるということで、組織的にも総務部門と IT 部門を一緒にしたりもします。しかしそうすると、基幹系のシステムの問題が忘れ去られることもあります。

　経理システムを開発する時の経理と IT、営業のシステムを開発する時の営業と IT のような形で、総務と IT となるのがよいのではないでしょうか。総務部門の職務が他に属さない事項等となっているのが問題なのかもしれません。あいまいな部門ではなく、事務合理化部門、コミュニケーション部門やプレゼンテーション部門、購買部門といったように変えていくことが必要かもしれません。

　IT 部門に言うと面倒とか、ベンダーが IT 部門なしでも OK と現業部門に言うことがあります。ただ、問題点などが発生してから IT 部門に話が来て困ることが多いものです。また、単独で実施したが回線が二重になり結果的には回線料金が無駄というようなこともありました。障害がある時だけ IT 部門にということは避けるように、他部門との関係を保つことも重要です。

今後の企業内IT部門

IT部門の仕事を、組織とか顧客という観点から眺めてみました。では企業内のIT部門は今後どのようになったら（したら）よいのでしょうか。目指すものは何なのでしょうか。

IT部門の基本

IT部門の役割は、エンドユーザーの要求を取りまとめ、計画・設計・開発し、必要ならベンダーに発注し、購入・テストし、稼動させ、そのオペレーションをし、サポートやメンテナンスをしていくことであり、ITの発展状況がどのようになってもその役割は変わることはないと思います。

少々注意することと言えば、エンドユーザーと何が本質的なことかを一緒に考えるべきです。検討方法などはIT部門が主導する必要があるのでしょう。

良い仕事の方法とは何か、現在の情報技術でどのくらいのことができるか、自社にとってどのような方法がよいのか、等を考えることです。最近は企業が分割された時も対応できるようにといったことも話題になります。

今後のIT部門——ソフトウエアを開発することではないのでは

では、今後企業内IT部門で重視するのは何なのでしょうか。最近SaaSやSOAとかオンデマンドとか言われます。これらが進めば、企業が必要なITサービスが、量に応じた費用で手に入るかもしれません。現在はそのようになる途上なのかもしれません。状況や程度を見据えつつ、各企業の内容をよく把握して対応を考えていく必要があるのでしょう。

昔、購買部門というのは、相手（外注先）の原価計算ができるくらいが望ましいと聞いたことがありますが、外注する時はそのくらいできることが望ましいでしょう。もし人がいれば、社内で作ったらどのくらいかかるかという見積もりが

第5章 IT部門の人や組織・役割を考える

できることが望ましいのでしょう。

そのように考えると企業内IT部門はどのような点に重点を置ければよいでしょうか。今多くの企業では自社で製造用の機械や金型を作るということはしていません。多くは購入するのではないでしょうか（もちろん作成する会社もあります）。また、オペレーションはかなり自動化されると考えれば、結局、設計・企画部門と、営業、購買とサポート、および品質（情報の品質）が重点になるのかもしれません。

仕事（の方法・品質）を管理する部門

最近のJ-SOX法等の議論では、自社の仕事内容を記述することが必須になります。自社の仕事の方法について、分析し、改善案を作成し、文書化するのはIT部門が慣れている気がします。また、その通り実施されるようシステム開発し、教育やサポート（場合により監視チェック）をするということかもしれません。現場が文書化の第一次作業をするのはよいのですが、細かさの程度や、全体の関連付け等もあり、慣れていない人にさせるのは時間の無駄でもあります。

製品の製造でも、製造方法を管理し、合理化し、それを定着させることが重要です。ものやサービスを顧客に届けるのが企業としての役割であり、それらの方法を管理していくということが大事だと思います。同じように社内IT部門というのは、仕事（情報の製造・加工）について、方法を管理し、合理化し、定着させるというのが本来の仕事になっていくように思います。特に日本では現場主体で改善が行われます。そのような現場の指導もIT部門の仕事かもしれません。

リスク管理部門

リスク管理の部署は日本では総務部門等にあることが多いようですが、欧米では戦略・企画とかIT部門にあるということも聞きます。企業のリスク管理において、コンピュータ関連の保全が重要ということはあるのですが、危機が起きた時に、情報のスムーズな伝達が重要だったり、今会社全体を理解するのによい部

門はIT部門かもしれないということもあるかもしれません。単に事務手続きだけだという意見もあるかもしれませんが、ただ、単なる事務管理から、そのものの本質が見えてくる部分もあります。

企業内IT部門は必要か——ベンダーとの違い

経理や給与計算作業を外注しても、経理や人事担当部門（者）が会社からなくなるわけではありません。製造を外部に任せても、設計を外部に任せても、企業内に担当部門がなくなるわけではありません。真に社内の要望・方針を考えるのは社内の部門でなければならないのでしょう。

個々の企業において、対応方法は変わるかもしれません。ただ、どのような時でも、企業内のメンバーは必要なのです。

ある統計上では、情報システム関係の資格試験で、一般企業の方がソフトウエアハウス等の受験者より成績が良いということを聞きました。多分、今でもソフトウエア企業より一般の企業の方が上だと思われているのでしょう。給料も一般の企業の方が高いのではないかと思います。

ただ、ITをしようとして普通の企業に入る人は少なく、入社した人から適当に選んでIT部門に回される人も多いかもしれません。今までも日本の企業では、学生時代の専攻をあまり重視しない面もあるのですが、今後は大学時代の専門性や、ベンダーと異なるIT部門の特徴などを生かさなければと思います。

もちろん、会社というものをトップダウン思考によって理解していくことも必要でしょう。また、法務の司法書士や弁護士、経理の税理士や公認会計士のような立場の人、コンサルタント等も構成員の1つです。

構成メンバー：成熟度の高い人

そのように考えれば、企業の成熟度も重要かもしれません。今の会社に合ったシステムは何だろうということ、将来的に会社が進歩していく時はどのようなシステムにしたらよいのか考えておくということです。企業の成熟度が高い企業で

は良いシステムができると思います。社内ITは成熟度が高くないといけないということかもしれません。前に述べたように、仕事が正しくできない人はおかしなシステムを作りやすいのです。

教育：IT技術ではなく業務の理解ができる教育を

教育に関しては、教育の項で述べましたが、基本的には、各企業でIT部門の役割を考え、それに合った教育をするということです。

特に仕事の方法を管理するということを考えれば、企業の仕組み、各部門（営業、製造、経理、総務等）の基本的な役割や仕事の内容を理解していることも必要になります。プログラムとかシステム設計の基本は理解していなければいけませんが、良いものかどうか判断できる能力、将来を見据えて、どのようなシステム構成にしたらよいか考えられる能力が必要です。

マネジメント：TOPと一体化した部門に

企業戦略からITを考えるべきだと主張されます。でもそれは、他の部門でも同じではないでしょうか。というよりIT部門は今までが少々離れていたのです。意外と関連する部分が大きいということなのだろうと思います。企業戦略から考えると同時に、最近はBCP（Business Continuity Plan：企業継続計画）が言われており、その点からもIT部門の重要性が言われます。

今まで専門家の仕事と言っていたかもしれませんが、もうそのような時代ではなくなります。TOPとより一体化した部門になるでしょう。その点を考えると、他部門と同じように、IT部門が訳の分からないことを言っていると感じた時は、企業のTOPはIT部門の長を替えるべきです。IT部門だといって特別扱いをするべきではありません。特に部門長になれば、他部門と同じということが言えるでしょう。他部門出身の部門長が結構成功している気がします。TOPと意思疎通のできない、TOPに分かるように話のできない部門長では困ります。

IT部門の要員について

　最初の会社では、筆者が入った時は、第一次のシステムが完成した時点で、プロジェクトもなく、最初に携わったメンバーの配置換え等も終わった後の、最初の安定した時だったようです。もっとも、その後いくつかのプロジェクトがあるのですが、そのような時に問題が発生するようです。

　新しい会社に来ると、筆者以外に一人もいません（筆者の前に中途半端な形で仕事をしている人はいましたが）。個々のプロジェクトごとに、通常はかなり少ないと思われるぐらいの人を要求するのですが、なかなか認められませんでした。プロジェクトの間は自分でカバーしようと思ってシステムは作り上げるのですが、その後のサポートやメンテナンスの点で問題を起こした気がします。

　別にIT関係でなくても同じことですが、何をどのくらいするかによって要員の人数が決まります。社内のIT部門やメンバーにどのような役割を持たせるかを考えるのが重要なのではないかと思います。この項では筆者の関係した実際の要員について気になったことについて述べてみます。

最初の会社で

　最初の会社では、仕事はオペレーションとシステム（システムごと）、キーパンチ、管理ぐらいに分かれているだけでした。各グループにチーフがおり、基本的に自社でまかない、一部外部の要員からというようにしていました。

1．通常期

　システムをいくつかに分割し、それぞれの担当がいます。個別システムごとの担当者はいますが、今考えると全社のシステムの共通化を図る要員は正式にはいませんでした。そのような人がいないと効率化は図れない気がします。筆者は自分で勝手にやってしまうことになりましたが。

　1～2人外注ということで、外部から来てもらっていました。プログラマは自

第5章　IT部門の人や組織・役割を考える

社のシステムに慣れないと使えません。社内の標準の方法とか基盤システムといったものを理解して仕事をするのはなかなか難しいのだと思います。慣れたメンバーは役に立ちますが、同時に派遣先を変われないということが起きます。もちろん30数年前は外注に頼る場合は少なく、前に述べた研究会などでもIT部門のメンバーは外から来てもらってもあまり役に立たないし、システムについて外注さんに教えるだけだというような意見を言う人もいました。

　オペレーションは、プログラマが適度にルーティンを組んで3交替で作業をしていました。

2．大規模生産管理システムで：ユーザーとベンダーの参加

　大規模生産管理システムの時にベンダーやメーカーから派遣してもらった人は、あまり生かされている気がしませんでした。作業量（ステップ数）を推定し一人当たりのステップ数から人数を当てはめ、社内で足りない部分を社外にということで派遣してもらったのですが、外部から来ていたメンバーは何をしているのだろうかと社内のメンバーも思っていた気がします。

　現場から来た人を入れてIT部門も人を増やしました。プロジェクトが終わった時にIT部門に残った人もおり、その人たちにどのような仕事をさせるかということも難しく、また、システム開発が終わったからといって、一度増えた人員は既得権になってしまい、外部から人を減らせとは言いにくいのです。逆に、プロジェクトのために現場から来た人を減らして、「自部門は人を減らしました」等ということもありました。

3．仕事と役割がはっきりしていなかった

　外部の人は基本的にはSEとして来ています。ただ、筆者の会社ではシステム設計という仕事がはっきりしていなかったと思います。皆プログラミングをしている感じだったのです。プログラミングする前段階として、付属的にシステム設計という作業があると思っていた感じです。実際には外部のメンバーだけでなく、そもそも内部のメンバーも役割がはっきりしていなかったのだと思います。上司か部下か、というような区別はあるのですが、では個々のメンバーは何をす

るかというような役割分担がないのです。上司か部下か、偉いか偉くないか、としか考えられない長がいました（会社もそうでした）。

　終わりに近くなるとエンドユーザーのメンバーもプログラムを書いたりしていました。エンドユーザー、システム設計、プログラミングでの個々の役割について考えることが重要だと思います。そうすればプロジェクト終了後にエンドユーザーの代表はどのようにするかも分かったはずです。筆者は最初の職場で、新入社員だったのですが、システム設計して数人の仲間にプログラムを割り振ったことがあります。数人の仲間もほとんど同期で少し問題もあったのですが、その時の上司はこのようなことに理解があったのでしょう。社長だって社長の役割を果たすのに望ましい人がなった方がよい、というように考えるべきだと思います。

新しい会社で——SE、PGはなしに

　新しい会社に来てからは　プログラマやSEという直接システムを扱う要員の正社員での雇用は止めようと思いました。技術面での変化が激しいし、開発量の変化が多いことも予想されるので、自社内に雇用しておくこともできないという考えです。ただ、当然ながら発注したり、管理するための要員は必要です。

1．勘定系
　自社の要員は勘定系では筆者以外に2人必要と思っていたのですが、なかなか入りませんでした。基本的な設計は自分でしてしまいましたが、情報系の仕事と重なったこともあり、そのことがいろいろ問題を起こした気がします。一番の問題は、筆者のしていることや、システムの中身がよく分からなくて、サポートやメンテナンスがうまくいかなかったことでしょう。

2．情報系
　情報系の時も一人が専任という状況で始めました。その一人でオペレーションからサポート、ベンダーへの指示から、受け入れのテスト、メニューの作成、サーバーへのソフトのインストール等を行いました。一人でできないかと言われて、

第5章　IT部門の人や組織・役割を考える

できると答えましたが、十分だったとは言えません（「情報系1〜2」参照）。また、当然ながらIT部門で、問題定義とか、システム方針の徹底とかはおろそかになりました。

　現場のメンバーにも参加してもらったのですが、プロジェクトが終了すると、自分の身の置き場がないというようなこともあり、その後の会社内の進路においてはあまり芳しくありませんでした。

3．安定期：サポート・メンテナンスが主体に

　情報系が完成し、PCも一人一台になって全体的なシステムができると、その後はサポートに主体が置かれます。その時は、窓口の担当と個々のシステム担当を（ゆるやかな兼務で）決めて処理をするようにしました。

　PCを一人一台にした時は、サポートということで、約500〜600人に対して2人のサポート要員を外部から派遣してもらいました。ただ、ニューヨークの本社などのIT部門はその3〜5倍なのです。ソフトやPCを入れ替える時は、他のメンバーも総出で手伝うというようなこともしていました。

　ネットワークもかなりの負荷になります。当初は、勘定系の人間や情報系の人間が手分けをして管理したり、ベンダーから派遣してもらったりしていたのですが、その後一人入れました。もっとも社員となると、インフラ関係・機器関係ということでメールやサーバーやプロジェクタ等も担当にしました。

　オペレーションの作業は少しあるのですが（「オペレーション：情報の製造部門」他参照）、基本的にエンドユーザーの要求によって現場でアウトプットするようにしたために少なくなっています。ただ、現場でアウトプットするとかなり大量の間違った資料を出力してしまうとか、実際の作業はオンラインの画面で済んでしまうので、監査上必要な資料を出し忘れるということも起こりました。現在のように電子ファイルによる保存が認められると、再印刷等に注意が必要です。監査性の確保のためにオペレータ（と称する人）が必要かもしれません。ネットワーク・PCのサポートメンバーを増やした時に、通常のオペレーションはその人たちに任せるようにしました。

IT部門の人数と新しいビジネスモデル

　前の項では、筆者の拙い経験とその中で要員について考えたことを述べてみました。では、もう少し一般的に考え、少々乱暴ですが、人数はどのくらいがよいのだろうか、ということを、このような仕事をしてくれる企業があったら筆者も楽だった、という観点も含めて述べてみます。その結果、新しいビジネスにつながるかもしれません。

　なお、IT が最重要という企業や社会インフラになっている企業等、個々の企業の性格や IT 部門の役割に合わせて考えるべきなのは当然のこととして踏まえておいて下さい。

売り上げから大枠の人数を推定する

　さて、筆者のいた売り上げ 500 〜 1000 億円、人数 500 〜 1000 人の会社では、IT 要員やその組織として、何人ぐらいが適当でしょうか。よく IT 費用は売り上げの 1 ％ぐらいと言われます。もっとも、外部流出費用の多い会社と少ない会社（付加価値の多い会社）によっても違うでしょう。売り上げから外部流失費用を引いた金額の 10％程度という意見もあります。ここでは、売り上げの 1 ％を基準にすると、IT 関連費用は 5 〜 10 億円になります。

　なお、今後は売り上げ 500 億円、従業員 500 名（IT 関連費用 5 億円）で計算してみます。

　費用をハードや OS と人件費（ソフトウエア開発費を含む）に分けると、半々ずつとしてそれぞれ 2.5 億円でしょうか。一人年 1000 万円とすれば、全体で 25 人です。最近開発が全費用の 20 〜 30％で少なくなったと言われます。開発に 50％ぐらい充てるのが適切と考えれば、保守要員（メンテナンス、サポート、オペレーション等）と開発要員双方 12 〜 13 人ずつと考えられます。まあ、部門長一人と 12 人ずつでしょうか。

　なお、筆者のいた両方の企業とも、3 つから 4 つのグループに大きく分かれて

いました。ここでは4つとして、話を進めてみます。

保守要員（サポート＆メンテナンス）

　保守の仕事にはシステムのサポート（教育や、質問に答える）とメンテナンス作業（ソフトウエア改良、追加バグ修正、ハード機器導入、構成変更も含む）があります。
　サポートでの一番の質問はプリンタ関係です。最終結果が出るかどうかですから。単にトナーがなくなったというのから、ネットワークやサーバーの故障で紙が出ないとか、アプリケーションそのもののエラーでプリントできないということもあります。共用するので誰がメンテナンスするかなど、現場での担当者を決めておくことも必要です。
　現場におけるコンピュータの委員を置くというのもよくします。アプリケーションの改良依頼をしたり、プリンタの面倒を見たりする人を決めておくのはよいことです。ただ、それらの委員を集めた会議などをよく開いておかないと、実際に必要なことが行われなくなる場合もあります。
　現在、アプリケーションのサポート等も含めて、サポート全体を（PCのサポート等も）行うというケースもあるようですが、窓口は統一して、問題点の切り分けをし、対処できないことには担当者を充てるというのが普通だと思います。
　なお、筆者はサポートで専門性が必要な部分は、その担当部門になるべく実施してもらうようにしました。IT部門はコンピュータが動かないといったトラブルを担当し、業務に関わる担当部署との住み分けが上手にできればそれが望ましいと思います。
　オペレーションはなるべく少なくなるようにシステムを設計するということでしょう（オペレーションに限りませんが）。最近はそれなりのソフトもそろっていると思います。もっとも、大量のアウトプットを社外に郵送するなどの処理が入る場合は別ですが。
　人数的には開発したシステムにはメンテナンス作業が重視されますし（サポート：メンテナンス＝1：2）、PCやMailなどの管理ではサポートに重点が置かれるでしょう（サポート：メンテナンス＝2：1）。平均は1：1といったところで

しょうか。保守要員12人は6人がサポート、6人がメンテナンスになります。

開発要員

　開発要員が12人いれば、1グループ6～7人とすれば、ほぼ2グループの新規開発ができることになります。もちろん1つのシステムを2グループで進めることもありますが、1グループ6人で計算してみます。

　6人は感覚的にはSE：PGが半々ずつ（3人ずつ）です。なお、プロジェクトマネージャー的な人は別途です。SEは上級（基本設計・ITアーキテクト）と、普通の設計者になるでしょう。初期・終了時には上級SEが多く、中間からは普通のSEの仕事が多いでしょう。平均して半々でしょうか（上級SE 1.5、普通のSE 1.5、開発要員12人に対して上級SE 3人と普通のSE 3人、PG 6人）。

　開発要員で難しいのは、新しい技術が必要なので、その知識をどのようにするか、開発の繁閑（はんかん）の差が大きいので、その調整をどのようにするか、あるいは、メンテナンス・サポートとの連携をどのようにするかということでしょう。

　筆者は新しい技術についての対応としては、わずかな教育と自分自身で行った勉強によって対処してきました。当然ながら、もう少し多くの時間が割けられたらとは思います。もっとも自分自身で自主的に、ということもかなり必要かもしれませんし、純粋IT的なことはベンダーに任せた方がよいでしょう。開発終了後はメンテナンス、サポートを兼ね、徐々に引き継いでいきました。

社員と非正社員、常駐と非常駐

　社員として必要なのは何名ぐらいでしょうか。まず、開発要員とメンテナンス要員のうち、PGと普通のSEは、外部に任せた方がよいでしょう。とすると保守要員のうちメンテナンス要員6人、開発要員のうち通常のSE 3人とPG 6人は外部要員でOKです。開発要員の上級SE 3人は、社員と外部要員を1：1ぐらいにするべきではないでしょうか。開発のための社員（1.5人）は要求仕様の取りまとめが主体になるでしょう。

サポート要員は社員であることが望ましいですが、やや単純な作業（PCサポート、オペレーション等2～3人）は社外にし、メンテナンス要員も2～3人社員にすれば、教育も兼ねられ、仕事もスムーズに運ぶと思います。したがって社員はグループリーダ1人＋サポート4人＋メンテナンス2人＋開発1.5人、全体で8.5人でしょうか。非正社員は開発10.5人、メンテナンス4人、サポート2人の計16.5人になります（端数は計算上です）。

基本的に社員（9人）とサポート（社外2名）は常駐するのが望ましいと思います。4つのグループに2～3人ずつ＋リーダー1人、開発があるグループには社員1～2人を割り当てることになるでしょう。なお、社員は時により、役割が変わったり、兼務をして仕事をする必要があります。

社員分のアウトソーシングと新しいビジネスモデル

9人程度の規模で、このドッグイヤー（ITの技術進化の速さを、犬の成長が人と比べて速いことにたとえた言葉）と言われるITの時代についていけるでしょうか。社内でのキャリアや、新しい技術の進歩を考えて、上記の正社員部分のアウトソースができないでしょうか。1～2人を社員とし（ITの専門性は薄くて可）、残りを外部にするということです。正社員だと替えにくいのですが、ベンダーからの派遣なら合わないと思ったら替えることも可能で、引き継ぎや仕様書なども、ベンダーの方がきちんと対応してくれます。

その場合、開発やメンテナンスを依頼する会社とは別のベンダーに頼んだ方がよいと思います。システムの内容が分かっているので同じ会社でと考えてしまいますが、新しい技術を入れようなどと思う場合等の障害になることがあります。新しいタイプのビジネスは、自社の持っている技術や要員に影響されないように独立していることが必要です。

また、サポートは現場にいた方がいいですし、少なくともすぐに駆けつけられるということも必要なので、ユーザー企業に5～10人単位で常駐するということが望ましいと思います。適度にユーザー企業間を移動していくということになるのでしょう。そのような仕事の専門性が発達していくことが望まれます。

あとがき

　会社を辞めてから、何をしようかと考え、とりあえず自分が今までしてきたことをまとめておこうと考え、著作に取り掛かりました。なかなか筆が進みませんでした。「単なる自慢話になってしまうかもしれない」とか、「書く意義がはっきりしない」とか、「それほどたいしたことをしてこなかったのだから、うまく書けないのも当たり前」などと思っていました。

　2000年頃からe-Japan戦略等、ITに目が向けられたのですが（筆者もITコーディネータになりました）、ここ数年は同時に不祥事も目立ってきました。不祥事のいくつかの原因が、エンドユーザーや他部門のせいにする社内IT部門の無責任さやそういう考え方にあるのではないか、と思える部分があり、そのような点にも焦点を当てることが必要ではないかという気がしてから、やっと筆が進んだというのが正直なところです。

　長い間文章を書いておらず、独善的な部分もありますし、拙い文章ですが、中小・中堅企業で30数年してきたことが、皆様の何らかの参考になればと思います。

能登部 哲次

著者プロフィール

能登部 哲次（のとべ てつじ）

ITコーディネータ、情報処理技術者（特種、システム監査）。
1946年（昭和21年）生まれ。
1970年（昭和45年）、早稲田大学理工学部工業経営学科卒業、同年製造会社（非鉄金属加工会社）入社。
1970〜1989年、1年ほど技術計算を担当した後、事務系の新規システム開発を中心に担当する。全社業務削減運動、中期経営計画などのプロジェクトにも参加。
1989年（平成1年）、サービス業（外資系広告会社）へ転社。勘定系、情報系のシステムを新規に構築する。2000年問題や業界EDI会社の設立プロジェクトに参加。
2002年退社、数年アドバイザーを務める。

企業内IT部門で働いた体験から
なぜ私は人の5〜10倍の生産性を上げられたか

2009年7月15日　初版第1刷発行

著　者　能登部 哲次
発行者　瓜谷 綱延
発行所　株式会社文芸社
　　　　〒160-0022　東京都新宿区新宿1−10−1
　　　　　　　　　電話　03-5369-3060（編集）
　　　　　　　　　　　　03-5369-2299（販売）

印刷所　神谷印刷株式会社

©Tetsuji Notobe 2009 Printed in Japan
乱丁本・落丁本はお手数ですが小社販売部宛にお送りください。
送料小社負担にてお取り替えいたします。
ISBN978-4-286-06818-3